Renshenglu Zhiyemeng
人生路 职业梦

——大学生职业规划与就业指导

王海春 编著

人民交通出版社

内 容 提 要

本书从劳动者从业、就业角度出发介绍国家的相关政策，为劳动者提供职业选择的途径，弘扬公平正义的中国特色社会主义和谐社会精神，倡导“三百六十行，行行出状元”的理念，本书具有多学科、科普性，适用于对就业感到困惑的应届毕业生以及想了解我国与就业相关的一些政策或制度的人。

图书在版编目(CIP)数据

人生路 职业梦：大学生职业规划与就业指导/王海春编著. —北京：人民交通出版社，2014.2

ISBN 978-7-114-11098-6

Ⅰ.①人… Ⅱ.①王… Ⅲ.①职业选择－青年读物 Ⅳ.①C913.2-49

中国版本图书馆 CIP 数据核字(2013)第 311978 号

书　　名：**人生路　职业梦——大学生职业规划与就业指导**
著 作 者：王海春
责任编辑：刘　君　薛　民
出版发行：人民交通出版社
地　　址：(100011)北京市朝阳区安定门外外馆斜街 3 号
网　　址：http://www.ccpress.com.cn
销售电话：(010)59757973
总 经 销：人民交通出版社发行部
经　　销：各地新华书店
印　　刷：北京市密东印刷有限公司
开　　本：787×1092　1/16
印　　张：9
字　　数：216 千
版　　次：2014 年 2 月　第 1 版
印　　次：2014 年 2 月　第 1 次印刷
书　　号：ISBN 978-7-114-11098-6
定　　价：30.00 元

前　　言

在现实生活中有些人天资聪慧、学识渊博，但是在事业上却没能取得很大成就，然而有些人并不一定比别人聪明，却能在工作中游刃有余，并能成就一番事业。职业选择是决定一个人的社会地位、经济收入乃至生活方式的重要因素，所以在很大程度上一个人所从事的职业及其在职业岗位上的贡献决定了他生活质量的好坏、社会地位的高低以及对社会贡献的大小，可以说职业选择就是选择人生，就是选择自己的未来。美国波士顿大学教授弗兰克·帕森斯（Frank Parsons）指出："职业选择时，第一，应清楚地了解自己的态度、能力、兴趣、智慧、局限和其他特性；第二，了解成功的条件及所学的知识，在不同工作岗位上所占的优势、机会和前途；第三，实现上述两条件的平衡"。这一理论告诉我们，选择职业一是应认识自我，二是了解职业，三是人职匹配。但必须要说明的是影响人们选择何种职业的因素是极为复杂的，人有较强的可塑性，所以选择职业还要考虑社会环境、社会心理、就业政策等因素。

人的成长、成才离不开教育，然而在高等教育大众化的今天，尽管国家制定了很多确保人人成长、成才的政策，包括大力发展职业教育、建立终身学习体系等，但是由于受中国传统观念的影响，在家长指导孩子成长、成才过程中，仍然希望孩子考重点大学，考不了重点大学，也要上二、三本，其次才考虑高等职业教育（专科）。同样，对于考不上高中的孩子，家长也要想方设法让孩子复读或进入高中插班学习。其实，这就是一种盲从的现象。因为，家长并不是很了解（自己从事的职业除外）每个行业、每个职业、我国的教育现状及社会保障体系，也包括孩子的兴趣、爱好、特长和国家的就业政策等，这一点对于弱势群体而言更加突出。

基于上述原因，本书重点介绍了社会分工与人的发展，职业资格、职称相关知识与公务员，社会保障体系，我国教育现状，自我定位，就业与职业规划。本书既有理论分析，又有现状描述，还有大量的案例，通俗易懂，旨在帮助家长、青少年认清形势，转变就业观念，正确选择自己的就业方向，实现自己的职业梦想！

本书由青海交通职业技术学院王海春教授主编，具体分工如下：王海春教授负责本书构思、统稿，编著第二章、第四章；靳生盛教授编著第一章；马梅娟教授编著第三章；赵明芳副教授编著第五章；黄平副教授编著第六章。本书的出版得到了"青海省高校135高层次人才培养工程"专项培养经费的资助，同时得到了青海省教育厅、西宁市教育局相关领导和专家的精心指导，青海交通职业技术学院院领导及人民交通出版社的大力支持和帮助，在此表示感谢。

编　者
2013年8月

目　录

第一章　社会分工与人的发展

社会分工是社会发展的必然产物，是生产进一步发展的推进器，社会分工使不同种类的生产由不同的劳动者来承担，又使不同的劳动者互相协作，形成一个生产总体。这样可以提高劳动者的劳动技能，促进生产工具的专业化，从而节约劳动时间，提高劳动效率，扩大劳动规模，产生比单个人或单个人之间的简单合作更大的生产力。因此，社会分工与人的发展具有十分密切的联系。

第一节　社会分工的产生与发展

社会分工是超越一个经济单位的社会范围的生产分工，包括社会生产分为农业、工业等部门的分工以及把这些大的部门再分为重工业、轻工业、种植业、畜牧业等产业或行业的分工。

一、社会分工的产生过程

分工是人性中某种倾向的必然结果，虽然这种倾向是非常缓慢和逐渐发展起来的。分工是在社会发展到一定阶段上产生的。人类社会起初只是性行为方面的分工，后来由于天赋、需要、偶然性等因素而自发地或自然地产生了分工。这种“自然地产生”的分工还不是真正意义上的社会分工。社会分工是在自然分工的基础上，随着生产力的发展而逐步形成的。一方面，在氏族部落共同体和后来的家庭内部纯生理的自然分工基础上，随着共同体的扩大，人口的增长，特别是各氏族之间交往的发展，这种分工的范围也扩大了；另一方面，在不同氏族部落共同体之间形成的自然地域分工，在相互接触时引起了产品的相互交换并使产品变成了商品，这样就使具有不同条件的氏族从事活动的不同领域，逐渐变成社会生产过程中具有某些相互依赖关系的生产部门，社会分工由此开始产生。

二、社会分工的发展

随着社会的发展，人类历史上先后出现了三次社会大分工。

(1)第一次社会大分工是畜牧业和农业的分离，它发生在原始社会野蛮时代的中级阶段。

原始社会的早期阶段，人类使用木棒、石块等简陋的生产工具，在自然分工的基础上，从事采集、狩猎和捕鱼，维持最低的生活，长期以来逐渐熟悉了一些植物的生长规律并开始人工培植，于是出现了原始农业。畜牧业由狩猎而来，随着弓箭等捕猎工具的出现，人类捕到的动物不断增多，有些便被饲养起来，有些部落学会驯养动物以取得乳、肉等生活资料，随着较大规模畜群的形成，这些部落就主要从事畜牧业，使自己从捕猎人群中分离出来，成为游牧部落。游牧部落生产的生活资料不同于其他部落，而且数量较多，使经常的交换成为可能。放牧一群牲畜，只需要少数人。于是，个体劳动代替了共同劳动，相应的出现了私有制，家庭也随之发生了变化。男子从事的畜牧业成为谋生的主要手段。男子在家庭中取得了统治地位。社会分工促进了生产力的发展，带来了更多的劳动产品。劳动产品在满足本部落的共同消费之外，还出现剩余。进入交换的劳动产品的种类和数量增加了。一些氏族部落首领开始把剩余产品据为己有，私有制产生，氏族部落共同体开始瓦解，一些部门生产的增加，使人的劳动力能够生产出超过劳动力所必需的产品。于是战俘不再被杀掉，而被作为劳动力，成为奴隶。这样，奴隶制社会随之产生。

(2)第二次社会大分工是手工业从农业的分离，它发生在原始社会野蛮时代的高级阶段。

第一次社会大分工后，生产力有了进一步的发展，人们开始掌握矿石冶炼和金属加工技术，这一时期青铜器、铁器开始出现。铁制工具的使用和生产技术的进步，促进了农业的发展和劳动生产率的提高，也使手工业向多样化发展。如此多样化的活动已经不能由一个人来进行了，于是发生了第二次社会大分工，手工业从农业中分离出来。在这次社会大分工中出现了专门以交换为目的商品生产。第二次社会大分工促进了生产规模的扩大和劳动生产率的提高，剩余产品增多，同时也提高了人的劳动力价值，奴隶制得到进一步发展，奴隶制已经不是零散现象，而成为社会制度的一个组成部分。

(3)第三次社会大分工是商人阶级的出现，它发生在原始社会瓦解、奴隶社会形成时期。

产品交换很早就发生了，至少不晚于第一次社会大分工的出现。但是只有在两次社会大分工之后，交换才得到了长足的进展。交换的不断发展和扩大，使商品生产出现并发展，又反过来促进了交换的进一步发展。交换规模扩大，品种增多，各生产者和消费者之间直接的产品交换越来越不便利，于是从事交换的中间人——商人应运而生。不间断的交换活动使部分脱离生产的商人得以为生。第三次社会大分工首先在商品交换最为发达的地区出现。交换发展的需要产生了金属货币。货币借贷、利息和高利贷也相继出现。土地私有权被牢固地确立起来，土地完全成为私人财产，它可以世袭、抵押以至出卖。至此除了自由人和奴隶的差别以外，又出现了富人和穷人间的差别。这是随着新分工产生的新的阶级划分。财富更加集中，奴隶人数增多，奴隶的强制性劳动成为整个社会的经济基础。由于有了阶级对立，于是产生了国家。

三次大分工奠定了之后社会分工的基本格局，并且对社会经济发展产生了重大影响。商业的产生和发展，对社会经济、政治、文化等方面产生了全面的影响，在手工业者和商人活动的集中地，逐渐产生了城市经济，又有了城乡的分工。分工带来了生产力的进步和剩余产品的增加，使得一部分人完全摆脱了体力劳动，专门从事监督生产、管理国家及科学、艺术等活动，最终形成了脑力劳动和体力劳动的分工。

现代中国，在由农业社会向工业社会的转型中，社会分工发生了根本性变化，以农业、工业、服务业等为主的三大产业的分工纵深、交错发展，呈现出工种越来越多、分工越来越细、专业要求越来越精的三大特点。

社会分工同自然分工的主要区别是：

(1)它不再是按性别和年龄等生理特点、局限于家庭范围内的物质生产劳动的分工，而是按劳动类型和形式在社会范围内划分的具有广泛性的劳动分工。

(2)不再是偶然存在的劳动分工，而是具有固定性专业划分的、稳定存在的社会性分工。

(3)是受着私有制、阶级对立制约的社会分工。社会分工突出地表现为脑力劳动和体力劳动分别由不同的人担任。在阶级社会中，劳动人民被排挤，只能从事体力劳动，因此社会分工具有明显阶级对立的性质。马克思把这种劳动者被迫从事某种劳动、固定在一定劳动活动中的专业分工，称作"旧式分工"。

社会分工随着社会的发展而发展变化。社会分工决定于生产力水平（包括生产工具的类型和特点）和生产关系性质。在不同的社会历史阶段，分工具有不同的特点、形式，奴隶社会、封建社会由于生产规模小，经济和科学技术发展水平不高，社会分工处于不发达的低级阶段。封建社会农业生产中的分工由于土地的小块经营而受到了阻碍。在工业生产中，各手工行业内部根本没有实行分工，而各手工行业之间的分工也是很少的。随着近代工业的出现、资本主义经济和科学技术的发展，造成了社会分工的广泛发展，主要表现在：新的生产领域和生产部门的增加，企业或工厂内部分工的出现，生产过程的专业化分工越来越细，在整个社会中形成复杂的分工体系，并把分工扩展到国际范围，出现了国家间的分工。资本主义的专业化分工使阶级社会分工所具有的固定化的性质获得了最充分的表现，劳动者个人完全屈从于分工。

三、社会分工在社会发展中的作用

社会分工在人类历史发展中具有重要作用，具体表现在对社会经济、科学、文化的发展具有重大的推动作用。在一定意义上讲，分工就是生产力。分工是提高劳动效率和技术水平的有力手段。分工和联合是互为条件的，分工的发展推动着生产过程的统一、联合、协作，形成社会化的生产，并不断开辟着新的生产领域。分工发展的程度是生产力发展水平的重要标志。分工也是商品生产和商品交换产生和发展的重要条件。在生产力发展程度较低的条件下，由于脑力劳动和体力劳动的分工使一部分人能够有时间专门从事科学、文化的活动，为科学、文化的发展创造了条件。没有分工，就不会有人类科学文化的发展。在现代社会，随着分工的全面发展，社会的各行、各业，人们的生活方式以及社会的政治、法律及其经济制度等都得到了发展主要表现在以下四个方面。

(1)它为社会各行、各业提供了发展的机会，它不仅给了资本自由发展的空间，而且给了各行、各业发展的空间，促进了社会各行各业的全面发展。

(2)由于资本的自由流动，因而造成了同行业和不同行业的竞争。从而造成了科学技术的不断应用和进步以及经济效益的不断增长。

(3)它形成了现代社会各行各业平等互利，共同发展的社会基础，即市场经济的社会关系。

(4)它在这样的基础上形成了现代社会的法律、政治制度。

第二节　社会分工与产业结构调整

一、我国的产业结构

产业结构，亦称国民经济的部门结构。国民经济各产业部门之间以及各产业部门内部的构成。社会生产的产业结构或部门结构是在一般分工和特殊分工的基础上产生和发展起来的。从部门来看，主要是研究农业、轻工业、重工业、建筑业、商业服务业等部门之间的关系，以及各产业部门的内部关系。

1. 决定和影响一个国家产业结构的因素

(1)需求结构，包括中间需求与最终需求的比例，社会消费水平和结构、消费和投资的比例、投资水平与结构等；

(2)资源供给结构，有劳动力和资本的拥有状况和它们之间的相对价格，一国自然资源的禀赋状况；

(3)科学技术因素，包括科技水平和科技创新发展的能力、速度，以及创新方向等；

(4)国际经济关系对产业结构的影响，有进出口贸易、引进外国资本及技术等因素。

2. 产业结构划分

现在世界各国通常把各种产业划分为三大类：第一产业、第二产业和第三产业。

(1)第一产业是指提供生产资料的产业，包括种植业、林业、畜牧业、水产养殖业等直接以自然物为对象的生产部门，有些虽然是工业，但是并不是加工产业，例如采矿业是直接提供矿产但是并不加工，所以采矿业属于第一产业。

(2)第二产业是指加工产业，利用基本的生产资料进行加工并出售。

(3)第三产业又称服务业，它是指第一、第二产业以外的其他行业。第三产业行业广泛。包括交通运输业、通信业、商业、餐饮业、金融保险业、行政、家庭服务等非物质生产部门。

各国对产业划分不完全一致。通常指的三类产业是按联合国的分类方法：第一产业包括农业、林业、牧业和渔业；第二产业包括制造业、采掘业、建筑业和公共工程、上下水道、煤气、卫生部门；第三产业包括商业、金融、保险、不动产业、运输、通信业、服务业及其他非物质生产部门。

3. 我国产业结构的变化

一般而言，三大产业在国民经济结构中的变化规律是：随着一国生产力和经济发展水平的提高，在国民经济中由第一产业占优势比重逐渐向第二、第三产业占优势比重演进。从1980年以来我国产业结构的变化情况看，第一产业所占比重呈持续下降的趋势，第二产业所占的比重基本稳定，第三产业所占比重稳步上升。这样的变化，说明了我国产业结构呈现优化的趋势。改革开放以来我国产业结构的变化可以分为三个阶段：

(1)第一阶段，1978~1984年，我国经济逐步恢复，农村改革全面展开的时期。这个时期产业结构变动的显著特点是，第一产业占国民生产总值的比重迅速上升。1984年，第一产业的比重达到32%，比1978年的28%提高了4%。同期第二产业下降了5%，第三产业只上升了1%。这说明我国农村和农业改革极大解放了农业生产力，推动了第一产业的发展，反映了资源配置向第一产业的倾斜。使得工农业比例不协调的状况得到极大改善。在工业化的过程中，第一产业的比重迅速提高，是我国特有的现象，在世界上是少有的。这是一种纠正第一产业发展不足而产生的暂时情况。这个时期，按当年价格计算的增加值的年均增长率，第一产业达到14.5%，超过第二产业10%和第三产业12.7%的速度。但是，由于这种结构变动具有补偿性和暂时性，从1985年开始，第一产业的比重就开始逐步下降。在这个时期，纺织轻工等消费品工业也取得了很大发展，满足了市场需要，但重工业处于调整之中，因此，第二产业的比重下降较多。

(2)第二阶段，1985~1992年，是我国非农产业较快发展的时期。第三产业的比重，从28%上升到34%左右，达到历史的最高点。同时，第二产业比重保持在43%左右，而第一产业下降了6%。这个时期资源配置的最大特点，是劳动力大量转移到第三产业，推动了第三产业的发展。从总体上看，这个时期第三产业的发展，也带有补偿发展不足、调整比例关系的特征。20 世纪 80 年代中期,我国国民生产总值比 1980 年翻了一番,农业和消费品工业的发展,使人民基本解决了温饱问题。这时,就业的压力和第三产业发展不足的矛盾日益突出,社会资源的配置逐步转向第三产业,促进了第三产业的发展,按当年价格计算的增加值,第三产业的年均增长率为 20%,第二产业为 17%,第一产业为 14.5%。在这个时期,第三产业的就业人数增加了 3400 万人,而第二产业只增加了 2500 万人。到 1994 年,第三产业就业人数在总量上也超过第二产业。

(3)第三阶段,1993～1996 年和此后一段时间,是我国重化工业主导的时期。这个时期的显著特点,是基础设施包括能源、交通和通信设施的建设加强,使第二产业的比重迅速上升了 6%。1996 年,第一产业的比重跌至 20%,第二产业的比重接近 49%,第三产业下降至 31%。这个时期,经济增长明显地具有重化工业为主导的特征,电力、钢铁、机械设备、汽车、造船、化工、电子、建材等工业成为国民经济成长的主要动力。其内在原因是长期存在的能源、交通通信等产业“瓶颈”最为突出,而经过十几年的迅速发展,我国又具备了解决上述矛盾的实力,随着能源、交通、通信基础设施建设的进展,带动了电力、运输车辆、建筑材料、钢铁、有色、石油化工和机械电子等产品和建筑业的需求,推动了第二产业的发展。“八五”时期,能源、交通、通信基础设施建设创造了新中国成立以来的最高水平,相应带动了第二产业的增长。1991～1995 年与 1981～1991 年、1986～1991 相比,工业总产值、建筑业总产值的增长都要更快。这个时期,我国重工业的增长,扭转了 20 世纪 80 年代以来始终低于轻工业增长的局面。至 2000 年能源、交通基础设施的建设已初见成效,制约国民经济的“瓶颈”矛盾已得到缓解,信息基础设施的建设正方兴未艾。展示出广阔的发展前景。“九五”或更长一个时期,能源、交通和通信基础设施的建设,以及由此而推动的电子、机械、石油化工、建材等制造业的发展,是我国经济发展的主要增长点之一。

4. 我国产业结构现状

进入 21 世纪以来,我国产业结构持续优化。第一产业增长相对缓慢,第二产业增长快速,第三产业突破以商贸、餐饮为主的单一发展格局,加速了金融、保险、研发、咨询等行业的发展。与此同时,第一产业就业比重明显下降,第二产业就业比重增长缓慢,第三产业的就业比重增长速度高于第二产业的增长速度。总体上看来我国产业结构在保持“二三一型”基础上不断地优化。但是,无论从静态还是动态的角度来分析我国现阶段的产业结构,许多问题仍然存在。比如,到 2007 年年底,从我国三次产业结构的产值来看,第一产业增加值 28910 亿元,占 GDP 比重为 11.7%;第二产业增加值 121381 亿元,占 GDP 比重为 49.2%;第三产业增加值 96328 亿元,占 GDP 比重为 39.1%。表明我国的国民经济还比较过分地依赖农业,而服务业相当落后。在发达国家的 GDP 构成中,第一产业所占比重一般不超过 5%,第二产业一般不超过 30%,而第三产业所占比重却是最大的,一般为 65% 以上。由此可见,与发达国家相比,我国产业结构仍有优化的空间。

(1)农业。改革开放以来,我国农业和农村经济取得了长足发展,农业产业结构经过不断调整形成了较好的格局。但是,目前的农业产业结构仍存在不少的问题。

①农业基础设施仍然薄弱。供水、供电、交通、通信等基础设施还很不完善,有些地区的矛盾还比较尖锐。例如,华北、西北等地区水资源紧缺,影响农业生产和人民生活。

②农产品品种、品质结构尚不优化,农产品优质率较低。我国的牛、羊、猪等肉类产品,苹果、梨等水果产品,花卉产品,以及水产品等在国际市场上具有明显的价格优势,但面临着品种不优、质量不高的困扰。

③农产品加工业尚处在初级阶段，保鲜、包装、储运、销售体系发展滞后，初级产品与加工品比例不协调。发达国家的农产品加工业产值与农业产值之比大都在2:1以上，而我国只有0.43:1，与国外相比差距比较大。

④农产品区域布局不合理，各地没有充分发挥自身的地区比较优势，未能形成有鲜明特色的农产品区域布局结构。

（2）第二产业。第二产业总量扩张明显，但生产结构不够合理，结构升级较慢，经济增长质量不高。主要表现在：

①处于全球价值链底端，产业升级面临困难。改革开放后的30年，中国经济高速增长，批量化生产的成本优势使我国获得了“世界工厂”的称号。但我国的比较优势在相当程度上是依靠廉价劳动力获得的，这导致行业的竞争优势主要集中在低附加价值的非核心部件制造和劳动密集的装配环节中，产品的附加值难以提高。

在出口总额中，加工贸易所占比重同样超过了50%。这表明，即使是本土企业，也严重依赖外国企业的订单，而不是依靠自主研发和自有产品来开拓国际市场。这种对订单的依赖是中国产业处于全球价值链底端的又一明证。一旦国外市场疲软，这种模式就难以为继。

②产业研发投入不足，技术创新能力差。目前，我国制造业总量规模占全球的6%，而研发投入仅占0.3%，研发投入严重匮乏，产业共性技术研究队伍出现严重萎缩。产业的技术创新能力差，导致对国外核心技术和关键部件高度依赖，企业无法在品质、创新等差异化竞争中取得优势，只能靠低成本维持收益。这正是我国的企业在彩电、空调、手机等诸多领域都深陷价格战泥潭不能自拔的重要原因。

（3）第三产业。第三产业发展滞后，内部结构需进一步调整完善。

我国第三产业增长非常快，在就业中已经发挥了主渠道的作用，但存在总量偏小和行业结构不合理问题，发展水平滞后。从总量来看，第三产业增加值在GDP中所占比重明显偏低。目前，绝大部分发达国家的第三产业比重都在70%左右，大部分发展中国家在50%左右，而我国的第三产业比重长期徘徊在30%～40%之间。从第三产业内部结构看，发达国家主要以信息、咨询、科技、金融等新兴产业为主，而我国的商业餐饮、交通运输等传统服务业比重较大，占40%以上，邮电通信、金融保险等基础性服务业以及信息咨询、科研开发、旅游、新闻出版、广播电视等新兴服务业虽然发展较快，但比重仍然不高，发展仍然不足。

5. 我国产业结构的演变方向

对三次产业结构变动趋势的总体判断是，中国工业化进程中期阶段可能将持续到2020年之后。三大产业中，以第二产业为主的格局不大可能在2020年前发生根本性变化。从“十一五”到2020年，第一产业收入比重将持续下降；第二产业比重在“十一五”期间还有上升，在2010年前后达到顶点后并逐渐开始下降；第三产业比重在“十一五”期间基本稳定，2010年之后出现明显增加的趋势。

（1）农业基础地位不变。

农业在国民经济中的比重将持续下降，但其重要性和基础地位不会改变。传统农业中，种植业比重将下降，渔业、畜牧业的贡献将会增加。在种植业内部，粮食作物的比例会缓慢下降，经济作物、瓜菜作物和其他作物的比重将会上升。

(2)工业内部结构调整。

①重工业化阶段不可逾越，工业化中后期产业结构出现重工业化趋势，是许多国家工业化过程中的一个普遍规律。根据国际经验，人均国内生产总值从1000美元向3000美元攀升的时期，居民消费结构随之持续升级，即从吃饱穿暖、有耐用消费品可用、有屋可住，向吃好穿好、改善居住条件、提高耐用消费品质量、扩大服务消费转变。与之对应的是，汽车、住宅、建材、通信等行业将会有长足的发展，从而带动钢铁、机械、建材、化工等重化工业和电子及通信设备制造业快速发展，重化工业发展是必然的趋势。

②信息产业将成为我国未来的主导产业。据统计，1985～2003年间，世界高技术产业出口年增长14.3%，比中低技术和低技术产业出口年增长速度高出5%～6%。高技术产业正在逐步替代传统产业变为主导制造业的部门。

我国目前是世界上最大的IT产品消费国家之一，同时也是当今世界参与信息产业制造业国际分工最多的国家之一。我国东部沿海地区已经集中了大量发展信息产业所必需的人力资本，同时，较低的劳动力成本使我国的IT产业制造业具有强大的国际竞争力。我国通过参与IT产业制造业的国际分工，既能实现充分就业，也能获得较高的比较利益，通过不间断的“干中学”和“用中学”，将逐渐积累起强大的IT产业技术开发能力。信息产业应该而且也能够成为我国未来的主导产业。

(3)服务业快速发展。

随着工业化的推进，我国将进入城市化快速发展时期。城市的发展会带动第三产业投资的增长，尤其是会带来房地产、城市基础设施建设投资的增长；社会对服务业的需求将日益增大；生产社会化对生产性服务业的需求也将不断扩大；同时，随着生活水平提高，住房、医疗、教育等方面的改革继续影响国民的预期和消费支出，服务消费支出比重将不断增加。这些因素都将推动服务业快速发展。其中，满足人们生活层次提高的文化、教育、旅游、电信，为生产提供高效能服务的金融、保险、专业化的咨询和服务将继续得到较快发展，电子商务、新型物流将得到飞速发展，我国的经济格局将逐步从以工业经济为主向以服务经济为主转变。

二、我国国民经济行业分类

我国《国民经济行业分类》国家标准于1984年首次发布，分别于1994年和2002年进行修订，2011年第三次修订。该标准(GB/T 4754—2011)由国家统计局起草，国家质量监督检验检疫总局、国家标准化管理委员会批准发布，并于2011年11月1日实施，见表1-1。

三次产业的划分范围：

第一产业是指农、林、牧、渔业(不含农、林、牧、渔服务业)。

第二产业是指采矿业(不含开采辅助活动)，制造业(不含金属制品、机械和设备修理业)，电力、热力、燃气及水生产和供应业，建筑业。

第三产业即服务业，是指除第一产业、第二产业以外的其他行业。第三产业包括：批发和零售业，交通运输、仓储和邮政业，住宿和餐饮业，信息传输、软件和信息技术服务业，金融业，房地产业，租赁和商务服务业，科学研究和技术服务业，水利、环境和公共设施管理业，居民服务、修理和其他服务业，教育，卫生和社会工作，文化、体育和娱乐业，公共管理、社会保障和社会组织，国际组织，以及农、林、牧、渔业中的农、林、牧、渔服务业，采矿业中的开采辅助活动，制造业中的金属制品、机械和设备修理业。

《国民经济行业分类》(GB/T 4754—2011)　　表 1-1

三次产业分类	门类	大类	名　称
第一产业	A		农、林、牧、渔业
		01	农业
		02	林业
		03	畜牧业
		04	渔业
第二产业	B		采矿业
		06	煤炭开采和洗选业
		07	石油和天然气开采业
		08	黑色金属矿采选业
		09	有色金属矿采选业
		10	非金属矿采选业
		11	其他采矿业
	C		制造业
		13	农副食品加工业
		14	食品制造业
		15	酒、饮料和精制茶制造业
		16	烟草制品业
		17	纺织业
		18	纺织服装、服饰业
		19	皮革、毛皮、羽毛及其制品和制鞋业
		20	木材加工和木、竹、藤、棕、草制品业
		21	家具制造业
		22	造纸和纸制品业
		23	印刷和记录媒介复制业
		24	文教、工美、体育和娱乐用品制造业
		25	石油加工、炼焦和核燃料加工业
		26	化学原料和化学制品制造业
		27	医药制造业
		28	化学纤维制造业
		29	橡胶和塑料制品业
		30	非金属矿物制品业
		31	黑色金属冶炼和压延加工业
		32	有色金属冶炼和压延加工业
		33	金属制品业
		34	通用设备制造业
		35	专用设备制造业
		36	汽车制造业

续上表

三次产业分类	门类	大类	名称
第二产业	C	37	铁路、船舶、航空航天和其他运输设备制造业
		38	电气机械和器材制造业
		39	计算机、通信和其他电子设备制造业
		40	仪器仪表制造业
		41	其他制造业
		42	废弃资源综合利用业
	D		电力、热力、燃气及水生产和供应业
		44	电力、热力生产和供应业
		45	燃气生产和供应业
		46	水的生产和供应业
	E		建筑业
		47	房屋建筑业
		48	土木工程建筑业
		49	建筑安装业
		50	建筑装饰和其他建筑业
第三产业（服务业）	A	05	农、林、牧、渔服务业
	B	11	开采辅助活动
	C	43	金属制品、机械和设备修理业
	F		批发和零售业
		51	批发业
		52	零售业
	G		交通运输、仓储和邮政业
		53	铁路运输业
		54	道路运输业
		55	水上运输业
		56	航空运输业
		57	管道运输业
		58	装卸搬运和运输代理业
		59	仓储业
		60	邮政业
	H		住宿和餐饮业
		61	住宿业
		62	餐饮业
	I		信息传输、软件和信息技术服务业
		63	电信、广播电视和卫星传输服务
		64	互联网和相关服务
		65	软件和信息技术服务业

续上表

三次产业分类	门类	大类	名　　称
第三产业（服务业）	J		金融业
		66	货币金融服务
		67	资本市场服务
		68	保险业
		69	其他金融业
	K		房地产业
		70	房地产业
	L		租赁和商务服务业
		71	租赁业
		72	商务服务业
	M		科学研究和技术服务业
		73	研究和试验发展
		74	专业技术服务业
		75	科技推广和应用服务业
	N		水利、环境和公共设施管理业
		76	水利管理业
		77	生态保护和环境治理业
		78	公共设施管理业
	O		居民服务、修理和其他服务业
		79	居民服务业
		80	机动车、电子产品和日用产品修理业
		81	其他服务业
	P		教育
		82	教育
	Q		卫生和社会工作
		83	卫生
		84	社会工作
	R		文化、体育和娱乐业
		85	新闻和出版业
		86	广播、电视、电影和影视录音制作业
		87	文化艺术业
		88	体育
		89	娱乐业
	S		公共管理、社会保障和社会组织
		90	中国共产党机关
		91	国家机构
		92	人民政协、民主党派

续上表

三次产业分类	门类	大类	名称
第三产业（服务业）	S	93	社会保障
		94	群众团体、社会团体和其他成员组织
		95	基层群众自治组织
	T		国际组织
		96	国际组织

三、社会分工与产业结构调整

社会分工是推动产业结构演变的动力，产业结构随着社会分工的发展而不断得到调整，优化的产业结构提高了劳动生产率，创造了更大的社会财富，并提出新的分工要求。社会分工的思想是进行产业结构调整的基本思想，是产业结构的基本出发点。目前，追求局部利益的狭隘观念不是从整体社会分工着眼去安排产业结构，而是谋求产业的“全面发展”造成资源的浪费。社会分工和产业结构演变的关系为：

1. 社会分工是产业结构演变的直接动力

产业结构的基本含义是指不同产业间的关系，包括数量比例和内在的制约关系。而不同产业的存在则是由社会分工造成的。原始社会末期，出现了农业和畜牧业的分工，社会上便产生了农业和畜牧业的结构问题。然后，手工业又从业中分离出来，产业结构便又有了新的变化。首先，一个新的产业的形成必然会引起产业结构的演变，比如，手工业的出现改变了原来的农业和畜牧业的结构关系。不仅是由两个产业变成三个产业的排列问题，更主要的是资源的有限性在新产业出现以后得到了加强。新的产业会利用一些共有资源，从而对原有产业的发展形成约束，而新产业可能又会生产出其他产业需要的资料或是消耗其他产业的产品，而推动原有产业的进步。这样，农业、畜牧业和手工业间便要互相协调彼此的关系，在充分利用有限资源的基础上谋求共同进步，产业结构便会达到一种新的状态。其次，社会分工的程度会推动产业结构的演变。社会分工是一个动态的过程，由于各种产业发展的成熟性变化，它们内部关系也会发生改变。手工业最初是同农业和畜牧业紧密相连的，但它的发展速度都比农业和畜牧业的发展速度快。手工业的发展为其自身积累了大量资本和管理经验，它的地位更加独立，并谋求新的发展形式，于是有了工商业的萌芽和发展。工商业的发展使社会分工发生根本性的变化。因此，社会分工的成熟程度引起各产业力量的变化，相互间作用方式的改变，既定的产业结构会由平衡到不平衡，再到新的平衡。

2. 产业结构的演变改变社会分工的方式

每一种产业都是一种力量，整个社会经济就是在各种力量的交互作用下发展的。在某一时点上，产业结构是静态的，处于一种均衡的状态。但从长远来看，产业结构是不断变化的，不仅因为这个环境中会增加或减少某种力量，即某个产业的产生或灭亡，也可能因为各种力量的强弱变化而引起社会分工方式发生变化。比如，商业最初只是承担商品的买卖职能，商人赚取其间的差价，商人不承担任何额外风险。商业资本的扩张促成了借贷资本的形成，最终推动银行业的产生。银行业在整个社会分工中把握着资本的流动，协调着全社会对资本的运用，从而使社会分工更加完善。就商业本身来讲，随着社会的发展也发生了变化，商业开始承担部分生产商的职能，并努力开拓新的消费需求，商业中的品牌经营便是一例。

商业承担的风险增加，职能扩大，它同其他产业的关系也发生了改变，商业在经济中处于更加主动的地位。

产业结构发展的最初阶段，由于社会资源的有限性同各产业的发展之间的矛盾不是很突出，社会分工还是以分为主，各种产业对利益的争夺近乎惨烈，相互为敌。而当产业力量的增长使资源的有限性对发展的约束越来越强时，社会分工以合作为主，“分”只是基础。产业结构中以协调为特征，在考虑对方利益的同时来安排自己的活动。可以说产业结构的不断调整使社会分工日益成熟。

3. *产业结构的安排应以社会分工为基础*

社会分工的主要功能是提高劳动生产率，使资源达到有效利用。亚当·斯密提出财富的增长第一靠劳动的效率，或者说是劳动生产力，第二靠劳动的数量。其中第一点所起作用尤其大，而劳动生产力提高主要靠分工。分工能大大提高劳动生产率，原因有三方面：一是工人的技能因业专而提高；二是可免除由一种工作转移到另一种工作所浪费的时间；三是便于改良工具和发明机器。产业结构的安排实质就是对社会分工的重新认识和实践。但要注意的是，这里的社会分工是指全社会范围内的社会分工，而不是局限于某个企业或是行政区域。

四、产业结构与就业结构的变化

1. *产业结构与就业结构的发展趋势*

经济的发展伴随着产业结构的变化，即随着人均国民收入水平的提高，改变了消费结构，产业结构由第一产业向第二产业移动，当国民收入水平进一步提高时，产业结构将向第三产业转移，与此同时劳动力的就业结构也相应变化。在经济体制改革以前，中国的产业结构不够合理，在国内生产总值的产业构成中，农业比重很高。随后到20世纪80年代中期，中国产业结构发生了较大变化，一是消除过去过分强调积累、抑制消费所带来的弊端，采用压缩基本建设、扶持轻工业发展的方针。二是在工业内部，侧重消除重工业内部循环过强的弊端，调整和改造重工业，使重工业中为提供设备的机械工业有了较快的发展。工业的快速增长主要是由纺织工业与耐久消费品工业所推动的。进入20世纪80年代中后期以后，中国调整了轻工业和重工业之间的关系，实行了以能源、交通等基础性产业为重点的产业倾斜政策，通过产业结构的重组，推进产业结构的合理化，促进了高新技术产业，以流通、服务业为主体的第三产业的发展，使产业结构开始走向“技术密集型”阶段。并推行以效率优先为基本指导思想的区域发展战略，注重集中资金与资源实行重点发展，形成了地区间产业结构转换，使产业结构与产业布局相结合，同时带动了地区经济的发展。1992年以后，随着人均收入水平的提高，居民对耐久性消费品的需求量增加，拉动了以家用电器为核心的机电工业的迅速发展；与此同时，基础建设的大量投资拉动了能源、原材料等基础工业的发展；纺织工业的发展，造成了对能源、原材料需求的大幅度增长。相比之下，机械工业、电子工业等重工业并没有相应的增长。此外，这一时期中国推行了外国资本与技术的引进、工业制品的对外输出、信息化的推进和高新技术的培育等一系列产业政策，产业结构得到改善，比例关系较为协调。第一产业的国内生产总值比重逐渐下降，第二产业和第三产业基本上呈现上升趋势。从各产业收入的平均增长速度来看，第二产业增长最快，第三产业居中，第一产业最低。虽然，1992年以后，第一产业增长速度比较平稳，第二、三产业增长幅度有所下降，但产业总体的结构并没有改变。

从就业结构变化的趋势来看，第一产业劳动力比重持续降低，1990年以后劳动力的规模也开始减退，第二产业劳动力比重相对稳定，第三产业劳动力比重大幅度上升，1994年以后第三产业超过第二产业，并表现出较快增长的势头。就业结构变动的基本趋势表明，从农业中退出的劳动力大部分转入第三产业，这是工业化过程中的一个特征。不过第一产业劳动力绝对规模仍然很大，约占劳动力总量的50%。

从以上分析中可以看出，中国的产业结构与就业结构变化的趋势基本上符合世界各国工业化加速阶段结构变化的一般规律。根据库兹涅茨的研究成果，三次就业结构和产业结构变化的一般趋势是：在工业化初期，随着经济的发展，第一产业的相对国民收入比重和相对劳动力比重同时下降，第二、三产业的相对国民收入比重和相对劳动力比重不断上升。到工业化中期，第一产业的国民收入比重和劳动力比重继续减退，第二产业的国民收入比重上升，但其劳动力比重的变化却微乎其微。这说明第二产业对国民收入的增长有很大的贡献，但发展到一定的水平后，不可能大量地雇佣劳动力。而第三产业随着经济的发展，其劳动力比重上升速度快于国民收入比重上升速度。这说明虽然第三产业的劳动生产率的提高并不快，但有很强的吸收劳动力的能力。与“一般模式”相比可以看出，中国产业结构目前正处于工业化中期阶段。

从国际上产业结构水平的比较来看，中国的三大产业结构水平是世界中下等收入国家的典型代表。第一产业在国内生产总值中所占比重大致与俄罗斯相当，稍低于其他中下等收入国家，但在非农业的国内生产总值比重中，中国第二产业国内生产总值比重明显高于世界其他国家，甚至高于包括美国、日本等发达国家，而中国第三产业国内生产总值不仅低于中等收入国家，还明显低于孟加拉国、巴基斯坦等世界上的低收入国家的水平。这种状态不仅对经济发展，而且对于经济体制改革和对外开放的深化也是不利的。中国的工业增长率很高，但经济效益偏低。其主要原因是产业结构不均衡，第三产业不能适应第一、二产业发展的要求。

三大产业的劳动力就业结构与产业结构也不相适应。中国第一产业劳动力比重1999年为50.1%，与中下等收入国家的泰国基本相当。而美国、日本、德国等发达国家均为5.2%及以下水平。换句话说，中国的就业结构属于传统型模式，与现代型结构的发达国家相差甚远。欧美发达国家第一产业劳动力占比低主要是因为农业部门的高度机械化、劳动的高效率，使第一产业就业人口逐渐下降。与此相反，中国第一产业由于机械化程度偏低、劳动生产率低下以及粮食供给不足等原因，不得不投入大量的劳动力，因而第一产业劳动力比重一直很高。中国第二产业劳动力比重与美国基本上处于同一水平。而中国第三产业劳动力比重不仅明显低于世界上发达国家和中上等收入水平国家，而且与印度、巴基斯坦等些中低收入国家相比也存在较大差距。

中国按行业分从业人口的产业结构变化较为明显。特别是经济改革开放以后，随着商品经济的发展、科学技术的进步、新兴产业部门的不断出现，按行业分人口产业结构有所变化，但仍没有转变为发展型的人口产业结构模式。从事农业的劳动人口由1978年的70.5%下降到1985年的62.4%。之后，随着农业部门向非农业部门的人口流动，进一步呈现减退趋势，2000年减少至53.0%，下降了16.5%。但从就业人口总数的构成来看，从事农业的劳动人口数量很多，2000年增至3.34亿人，并没有摆脱处于农业国的状态。从事建筑业、交通运输仓储和邮电通信业、批发零售贸易和餐饮业的劳动人口分别由1978年的2.1%、1.9%

和2.8%上升到2000年的5.6%、3.2%和7.4%。而从事教育、文化艺术和广播电视业以及卫生体育和社会福利业的劳动人口呈现下降趋势。从事制造业的劳动人口在2000年达到8043万人,但其所占比重与发达国家相距很大,不能适应经济现代化的发展要求。中国按行业分人口产业结构与发达国家的现代型人口产业结构不同,属于传统型模式,相差一个发展阶段。人口产业结构落后,除了经济基础薄弱、人口数量多之外,主要是长期重工轻农,重视物质生产,轻视教育科研、商业和服务业,重积累轻消费的结果,从而导致了经济的失衡发展。进入20世纪90年代中期以后,随着产业结构和所有制结构的进展,人口就业结构的变化进一步加快,由于多层次的、多地劳动市场的形成和发展,劳动力的流动迅速。城市中非国有经济的崛起拉动了第三产业的增长,使第一产业和第二产业劳动力的一部分向第三产业部门移动,个体经济营业人数也在迅速增长。合资经营、合作经营和外国独资等三资企业以及港澳台投资企业用各自的办法雇佣职员,使就业人数急速增长。农村由于乡镇企业的兴起,使农村的工业、建筑业及服务业从农业部门分离,改变了农村单一的产业结构和就业结构,刺激了农村经济的发展,使大量的农业剩余劳动力迅速向第三产业移动。这样中国的就业结构进入了一个调整时期,就业的产业结构、所有制结构发生了显著变化。这些变化是伴随着经济体制改革和产业结构的调整发生的,但就业结构在总体上仍然没有摆脱发展型的人口结构模式。

2. 我国产业结构与就业结构的偏离

我国就业结构水平大大滞后于产业结构水平,这种结构性偏差与劳动力在三次产业之间的转移速度有关。随着产业结构的升级变动,劳动力在三次产业中发生转移,形成新的就业结构。要保持就业的增长与经济的发展过程相适应,劳动力的转移需要与三次产业的结构变动保持一致。当劳动力的转移速度偏快时,会使接收劳动力的产业部门的劳动力过多,产生劳动力就业不足的现象。当劳动力转移速度偏慢时,一方面使滞留在原有产业或部门的劳动力成为冗员,造成失业压力;另一方面也使其他部门得不到足够的有效劳动力,或者促使这些部门采取资本或技术密集型的生产方式进行生产,减少对劳动力的吸收,从而加重失业的程度。尽管在一定的发展阶段,劳动力就业结构可能会因为国家的不同而呈现出较大的差异,但是其基本趋势是相同的,即劳动力从第一产业向第二、第三产业等非农业部门转移,并且随着经济的发展,会出现劳动力由第二产业向第三产业转移的现象。现阶段第一产业现已成为劳动力净流出的部门,对我国的就业产生了巨大的压力;第二产业并没有合理吸收大量从别的产业流出的、正在转移着的劳动力,就业人数的比重稳定且仅有少量增加,这是因为,资本密集型生产技术的选择使之无法吸收更多的劳动力;由于技术进步、生产效率提高而从农业、工业转移出的劳动力,正在大量流入第三产业,第三产业已成为吸收劳动力最主要的部门。因此,在今后相当长的一段时期内,为扩大我国劳动力的需求,应大力发展第三产业。

3. 我国各产业增长对就业人口的弹性分析

所谓经济增长对就业人口的弹性分析就是,分析经济每增长一个单位能带动多少人口就业。1978~2003年三次产业的就业人数对经济增长的弹性都是显著的。分析表明,在经济增长过程中,第三产业对就业的带动能力最强,第二产业次之,第一产业最弱。第一产业就业弹性较小的原因有两个方面:一方面是随着农业现代化的发展以及土地资源的有限,对劳动力的需求越来越少;另一方面也说明在我国经济增长过程中,对农业的投入和关注程度不够。如果以1990年为界，分阶段考察三个产业的就业弹性，可以进一步得出结论。

(1)在1978～1990年，虽然第一产业对劳动力的吸纳能力较弱，但随着产值的增加，还能吸收一些劳动力。1990年以后，随着第一产业产值的增加，就业人数不仅不增加，反而开始减少，表明第一产业就业已达到饱和，并开始排斥劳动力。

(2)第二产业在1978～1990年间对劳动力有较强的吸纳能力，1990年以后，随着第二产业内部资本和技术对劳动替代趋势的加强，第二产业吸纳劳动力的能力急剧下降。

(3)与第一产业、第二产业比较，第三产业一直保持了较高的就业弹性。1990～2003年，第三产业的就业弹性是第二产业的3.4倍，说明第三产业带动就业的能力是发展速度相同的第二产业的3.4倍。

上述情况表明，随着工农业劳动生产率的提高和收入水平的增长，第三产业已成为国民经济中就业增长最快、吸纳劳动力最多的部门。从以上分析可以看出，进入20世纪90年代后，三次产业的增长对就业的带动作用都在减少，第一、二产业的下降幅度要远远大于第三产业。从三次产业的纵向和横向比较来看，随着经济的发展，第一、二产业对劳动力的吸纳能力越来越弱，第三产业则在劳动力的吸纳过程中发挥着越来越重要的作用，再次说明了现阶段要增加对劳动力的需求，扩大就业，就必须大力发展第三产业。

4. 产业结构对劳动者就业的影响

(1)劳动者的就业规模由产业结构发展水平决定。

产业结构的水平越高，经济发展层次也越高。在妇女由家庭走向社会、人口数量不断增长、劳动者的工作年限提高而使劳动供给大量增加的情况下，失业率并没有大幅攀升。原因是随着结构层次的不断提高，产业规模大幅度扩张创造了更多的就业岗位。在原始社会，生产活动大多是以土地为依托的，就业情况和产业发展在很大程度上取决于土地的稀缺程度。由于农业社会技术手段的落后，土地资源的深层次价值很高，但人们利用能力不强，当可利用的土地资源开发后，想继续增加就业就受到限制。随着劳动分工的发展、产业发展水平的提高和工业从农业中分离后，土地制约的影响力逐渐减弱，随着第三产业的发展，社会的就业量也不断增加。现代服务业的发展更为劳动力的就业带来了很多就业岗位。

(2)劳动者的就业结构由产业结构决定。

劳动者就业的空间范围由产业的地理分布决定，行业的兴衰引导着劳动者的在不同的行业转换。农业社会时期，产业发展水平低，结构尤其简单，大多数劳动者都是农业劳动者，从事其他产业的只占少部分。到了工业社会，随着工业从农业中分离，资本不断增加、科学技术水平不断进步、城市化水平相对提高、资本有机构成高的工业得到了快速的发展，失地农民由农业转向工厂，产业工人在就业者中比重不断攀升。劳动者的素质情况由不同的产业结构决定。农业社会时期，劳动者从事农业活动无需技术培训。工业社会，教育水平不断提高，社会化大生产要求劳动者具备一定的基本技能，高能力劳动者所占比重不断增加。产业结构在空间上的布局决定了劳动者就业的地理分布情况，不同特性的产业结构决定了就业的性别、年龄结构等。

(3)产业结构演进在吸纳劳动力的同时带来结构性失业。

产业结构的优化演进，创造了很多就业机会，同时也因为不断提高的资本有机构成，提高了对员工技术水平的要求，由于“挤出效应”的存在，排挤出了部分劳动力。对国企改革中下岗员工的调查结果显示，年龄偏大、文化素质较低、专业技能缺乏的员工处于竞争中的弱势地位。与此同时，很多对劳动力素质要求较高的岗位又出现了大量职位空缺，出现了职位空缺和失业并存的现象，也就是有着较为严重的结构性失业。如我国微电子、金融、保险等高新技术行业中高技能劳动者严重短缺，同时机电、纺织等传统劳动密集型行业又存在着大量的低技能劳动者失业现象。

5. 产业结构的演进对劳动者提出的新要求

劳动者只有适应产业结构的优化演进并对自身进行调整才可以实现顺利就业。工业的迅速扩张要求劳动者放弃原有的不能离开土地的想法，服务业的兴起也需要劳动者改变服务他人低人一等的落后观念，寻找新的就业机会。部分就业、临时就业和自我就业等就业形式的变化，也要求劳动者适应变化做出调整。产业的发展要求不断加大人力资本投入的同时，劳动者也要适应环境变化，不断提高自身的技术水平。而且劳动者的流动性应该随着城乡产业结构的调整不断提高。这种问题劳动者虽不能完全解决，却可以在改变自己、顺应产业结构优化演进的同时，增加自己就业的砝码。

五、社会分工与人的发展

社会分工是人类劳动的社会存在形式，人类通过劳动在改变世界的同时，也创造了人类自身。人的发展是社会发展的核心内容，社会分工促进了人的发展，是人的发展的推动力，而自发分工使人本身的活动对人来说成为一种异己的、与他人对立的力量，这种力量驱使着人，而不是人驾驭着这种力量，并且劳动者在自发分工中越来越失去独立性，越来越片面且畸形地发展。

1. 人的发展是社会发展的核心内容

社会是由人所组成的，没有人自然就没有社会。社会是一个从低级向高级不断发展的过程。在这一过程中，人的发展是社会发展的核心内容。马克思、恩格斯在研究人类社会发展规律时，就是把人的发展作为一条主线来研究的。他们针对资本主义生产造成人的畸形、片面发展和人的异化现象，提出了人的自由全面发展的理想状态和终极目标。他们认为，人的发展在经历了人的依赖关系、以物的依赖关系为基础的人的独立性的历史形态之后，最终将走向人的自由全面发展的社会形态。可见，社会发展的实质与核心就是人的发展。

从个体发展的角度而言，人的发展就是获得“自由”能力的发展，它包括人的素质和能力的发展。人的素质又有多方面的内容，如身体素质、心理素质、思想素质、文化素质、政治素质等；人的能力也包含了很多的内涵，如分析问题的能力、解决问题的能力、社会实践能力、生存能力等。只有当人的素质和能力提高了，人类才能从自然界和人类社会中获得更多的“自由”。

然而，人的发展不仅仅是作为个体人的发展，更为重要的是作为群体人的发展。就个人而言，无论其素质和能力如何发展，也无法满足自身不断发展的各种需求。只有在群体之中，通过高度发达的各种社会关系，将不同个体有机地结合在一起，才能使个体真正达到自由而又全面发展。高度发达的社会关系是个人真正自由而又全面发展的前提条件。没有高度发达的社会关系，就没有个人的真正自由和全面发展。在社会状态中，人的欲望虽然时刻在增多，可是他的才能也会在增长，使他在各个方面都比他在野蛮和孤立状态中所能达到的境地更加满意、更加幸福。当个人单独地并且只为了自己而劳动时就会出现以下三种不利情形：

(1)他的力量过于单薄，不能完成任何重大的工作。

(2)他的劳动因为用于满足他的各种不同的需要，所以在任何特殊技艺方面都不可能达到出色的成就。

(3)由于他的力量和成功并不是在一切时候都相等的，所以不论哪一方面遭到挫折，都不可避免地要招来苦难。

社会给这三种不利情形提供了补救措施。通过协作，我们的能力提高了；通过分工，我们的才能增长了；通过互助，我们就较少遭到意外和偶然事件的袭击。因此，人只有依赖于社会，借助人们的分工，通过各种社会关系进行互相协作、互相补充，才能获得更多的力量、能力和安全，从而才能得到人的发展。

在人类最初的社会形态中，人的生产能力只是在狭窄的范围内和孤立的地点上发展着，这种低下的生产力决定了人与人之间的相互依赖性。在这种情况下人类处于一种原始的、野蛮的"自由"状态，而这种"自由"是以人的依赖性为前提的"自由"，个体一旦脱离了群体甚至就无法生存下去。到了以物的依赖性为基础的人的独立性社会形态中，建立在物质产品的普遍交换基础之上的各种社会关系获得了一定程度的发展，人的发展也获得了巨大的进步。这种进步不仅表现在个体生产能力、科学技术水平等各方面素质和能力的提高，而且表现在通过普遍的物质交换和各种社会关系，不同个体获得了更多的劳动产品，满足了自身多方面的需求，人的"自由度"大大提高了。尽管如此，在这种私有制社会中，由于生产资料属于少数统治阶级所有，对于那些缺乏生产资料的被统治阶级而言，必然受到掌握生产资料的统治阶级的剥削，因而真正获得"自由"的只是那些少数的统治阶级。如果将来生产资料私有制被消灭，全体社会成员共同占有生产资料，人们可以摆脱"物"的奴役和束缚，劳动成为人的第一需要，个体各方面的素质和能力也得到了全面的发展，人与人之间的交往得到了普遍和高度的发展，使得人类社会成为一个有机的整体，不同个体结合在一起的社会生产力为全体社会成员的共同的社会财富，只有在这种情况下，人类才能真正达到自由，个体才能在这种基础上自由地发展自己的个性。

综上所述，人的发展是社会发展的核心内容。从个体发展的角度而言，人的发展就是获得"自由"能力的发展，它包括人的素质和人的能力的发展；从群体角度来看，只有在群体之中，通过高度发达的各种社会关系，将不同个体有机地结合在一起，才能使个体真正达到自由而又全面发展。

2. 社会分工是人的发展推动因素

社会分工使得不同种类的生产劳动不断的分化、细化和专业化，同时，又使得不同种类的生产劳动之间紧密联系、互为补充。一方面，对于生产者个人来说，他们在从事这些不断分化、细化和专业化的生产劳动过程中，可以不断地总结劳动经验，提高劳动技能和劳动熟练程度，促进生产工具的发明、革新和创造，从而促进了生产者个体生产能力、科技文化知识和其他各方面能力的发展；另一方面，对于生产者群体来说，由于各自生产的劳动产品不断细化、分化和品种的多样化，生产者对他人生产的劳动产品的需求性和依赖性进一步加强，不同生产者之间的联系也因此而变得更加复杂，社会关系得到了进一步的丰富和发展。可见，社会分工无论对生产者个人的发展，还是对生产者群体之间社会关系的发展，都起到了积极的推动作用。

需要是人类不断发展的动力。人类总是在各种需要的前提下从事各种各样的生产实践活动，并在生产实践活动的过程中满足自身的需要，当人类已有需要得到满足后，又会引起新的需要的产生。因此，人类的发展是一个不断满足自身需要的过程。社会分工不但促进了劳动者与劳动者之间社会关系的发展，而且在提高劳动生产率的同时，进一步提升了社会满足人们需要的能力。从人的需要的角度而言，社会分工的发展，使得劳动生产率得到了进一步的提高。因而，社会生产的物质文化总产品也就越来越丰富。这种不断丰富的社会劳动总产品在一定程度上满足了人们基本的物质文化生活需要，并且在满足人们已有各种需要的基础之上进一步随着人们需要的不断发展而不断丰富发展。从这个角度上来说，社会分工正是在满足人类需要的过程中不断推进人的发展。社会分工既促进了个体生产劳动能力的发展，又在不同个体生产劳动的组合基础之上创造了一种集体生产力。社会生产力发展了，人民的物质生活就会日益改善，物质文明程度也就不断地提高；社会生产力发展了，必然造成个体生产者观念的更新和交往方式的变革；社会生产力发展了，大大缩短了个体生产者的必要劳动时间，延长个体生产者的自由劳动时间，从而增加了个体生产者得到全面发展的时间。人的发展在多大程度上达到全面性，取决于他有多少闲暇时间。也就是说，一个社会的物质文明越发达，个人花在谋生上的时间就越少，他就有更多的时间在其他方面发展自己。从这个角度来说，社会分工带来的高度发达的物质文明，是人类自由全面发展的必要条件和客观基础。

事实上，在人类社会发展的历史进程中，我们完全可以看到社会分工对人的发展的促进作用。在原始社会分工中，人与人之间的关系是原始的平等关系，但从人类“自由”和全面发展状态来说，原始人类受到社会生产力的限制，人的“自由”和全面发展程度极其有限；在奴隶社会分工中，尽管奴隶主阶级与奴隶阶级的关系是剥削与被剥削的关系，但相对于原始社会分工来说，人类的生产能力有了较大的提高，个体生产劳动不但能够养活自己，而且还有了一定程度的剩余；在封建社会分工中，封建地主与农民之间的关系也是剥削与被剥削的关系，但是在封建社会中农民的社会地位较奴隶社会中的奴隶有了很大的提高，农民不仅有了少量的私有财产，人身也获得了较大程度的“自由”，他们只是依附在封建地主阶级的土地上，不像奴隶社会中的奴隶本身就是奴隶主的私人财产；在资本主义社会分工中，尽管工人在资本主义生产方式的剥削和压迫中越来越表现出片面而又畸形的发展，但是相比较以前各种社会形态中的劳动者而言，工人的人身自由也获得了一定程度的发展，工人与资本家之间的关系集中表现为劳资关系。当劳资关系激化的时候，资本家也会采取一些相应的措施来缓解矛盾，工人的社会地位也获得了相应的提高。中世纪的手工业者对于本行专业劳动和技术是有兴趣的，这种兴趣可以达到某种有限的艺术感。然而也是由于这个原因，中世纪的每一个手工业者对自己的工作都是兢兢业业，安于奴隶般的关系，因而他们对工作的屈从程度远远超过对本身工作漠不关心的现代工人。从这里我们可以看出，马克思、恩格斯也认为中世纪封建行会手工业者对工作的屈从程度远远超过资本主义社会中的现代工人，即资本主义现代工人更加“自由”。就我国社会主义初级阶段来说，人的全面发展方面受很多因素制约，其中主要是生产力水平的制约和生产关系的局限。这种制约使得现阶段不可能做到每个人都能得到同样的自由和全面发展的机会。因此，在我国现阶段，只能让一部分人先富起来，这部分人可能会获得比别人有更多的发展机会。生产力水平的局限造成了社会关系局限的存在。事实充分说明，当人们还不能基本满足自己的吃穿住行的时候，就很难提出全面发展的目标和任务。江泽民在“七一”讲话中指出：“我们要在发展社会主义社会物质文明和精神文明的基础上，不断推进人的全面发展”。人的全面发展包含了人民现实的物质文化生活需要的满足和人民素质的提高，而物质文明和精神文明是人的全面发展的基础。

人发展越全面，社会的物质文化财富就会创造得越多，人民的生活就越能得到改善，而物质文化条件越充分,又越能推进人的全面发展。社会生产力和经济文化的发展水平是逐步提高、永无止境的历史过程,人的全面发展程度也是逐步提高、永无止境的历史过程。可见,社会生产力、经济文化的发展与人的全面发展在历史过程中是相互结合、相互促进的。只有大力发展社会生产力,发展经济文化,人的全面发展才能最终实现。同时,也只有通过人的发展,才能为社会生产力的发展和经济文化的发展提供精神动力和智力支持。

综上所述,社会分工一方面促进了社会生产力的发展,另一方面又促进了生产交往关系的发展。人的全面发展只有在社会生产力高度发展和生产交往关系得到了高度协调一致的基础之上,才能真正实现自由而又全面发展。同时,人的发展程度反过来也会影响社会生产力的发展程度和人们之间生产交往状态,即社会分工的现状。可见,社会分工促进了人的发展,是人的发展的推动力。

第二章　职业资格、职称相关知识与公务员

第一节　职　　业

随着社会的进步和发展，人类在长期生产活动中产生了劳动分工，职业由此产生和发展。职业就是从业人员为获取主要生活来源所从事的社会工作类别，或是人们从事相对稳定的、有收入的、专门类别的工作。社会分工是职业产生的基础和条件。职业反映着个人与社会方面的内容。一方面个人要通过专门教育和其他方式，学习基本的职业技能、专业技术知识，满足其职业的要求；另一方面社会则通过人才和劳动力市场向个人和群体提供各种各样的职业需求。职业是人在社会中扮演角色的一个极其重要的方面，人是职业的载体。在进入职业之前，人的基本素质，起着非常重要的作用，个人要通过专业教育等不同的途径来提升自己的专业素质和操作技能。职业是人们发挥才能的重要手段，职业也是个人与社会关系的整合。

职业的基本要素，即职业的职责、职业的权利、职业的利益等。职业职责就是每一个职业都包含着一定的社会责任，承担一定的社会义务，为社会作出应有的贡献，同时在就业过程中，也享有法律保护的职业权利和获得报酬等利益。《中华人民共和国劳动法》第三条明确规定："劳动者享有平等就业和选择职业的权利、取得劳动报酬的权利、休息休假的权利、获得劳动安全卫生保护的权利、接受技能培训的权利、享受社会保险和福利的权利"。

一、职业的分类

专业与职业之间有多对一、一对多、一对一等几种对应方式。一般来说，一个职业包括一个或几个工种，一个工种又包括一个或几个岗位，因此职业与工种、岗位之间是一种包含和被包含的关系。工种是根据劳动管理的需要，按照生产劳动的性质、工艺技术的特征或者服务活动的特点划分的工作种类。岗位是指单位根据其社会功能、职责任务和工作需要设置的工作岗位，具有明确的岗位名称、职责任务、工作标准和任职条件，岗位仅指工作种类，不体现身份和地位的特别含义。

1992 年，劳动部公布了《中华人民共和国工种分类目录》。1999 年 5 月，劳动保障部、国家技术监督局、国家统计局联合颁布《中华人民共和国职业分类大典》，这是我国第一部有关职业分类的权威性文献，比较全面地反映了我国社会职业结构现状，为开展劳动力需求预测和规划、进行就业人口结构及其发展趋势分析提供了重要依据，为建立和完善国家职业资格证书制度奠定了技术基础。为适应新职业产业对人力资源开发的需求，从 2004 年开始，劳动保障部建立了新职业论证发布制度，每季度向社会公布 10 个左右的新职业。2008 年，人力资源和社会保障部着手重启新的一轮职业分类工作。

1999 年颁布的《中华人民共和国职业分类大典》将我国的职业结构分为四个层次，即大类、中类、小类和细类，体现由大到小的职业类别，每个层次主要包括：类别编码、类别名称、类别概述（定义）所含下一层类别的其他内容，为了便于与国家标准对照，在每个大、中小类

编码之后还标注了国家标准编码,即国家标准《职业分类与代码》(GB/T6565—1999);各类别的名称是以最能说明该职业类别特性的名词命名的。各类别的叙述(含概述、简述、描述与职业定义)是以最简练的语句叙述各自类别的本质属性或所含职业类别的内容;职业描述是对职业的主要工作内容、职责范围和工作过程等进行的一般性的描述。细类作为中国职业分类结构中最基本类别,即职业。细类(职业)下所列工种名称和序号是与《中华人民共和国工种分类目录》中的工种名称和序号一致的,体现工种分类与职业分类的衔接。《中华人民共和国职业分类大典》将中国社会职业归为8个大类,66个中类,413个小类,1838个细类(职业)。随着新职业不断出现,截止到2011年《大典》中细类增至1912个(职业)。八个大类分别是:

第一大类:国家机关、党群组织、企业、事业单位负责人;

第二大类:专业技术人员;

第三大类:办事人员和有关人员;

第四大类:商业、服务业人员;

第五大类:农、林、牧、渔、水利业生产人员;

第六大类:生产、运输设备操作人员及有关人员;

第七大类:军人;

第八大类:不便分类的其他从业人员。

如编码为[6-10-05-09],表示第六大类"生产、运输设备操作人员及有关人员"中第10中类中"纺织、针织、印染产品生产人员",第05小类的印染人员,第09细类,职业为印花工。

大类划分主要是考虑了从业人员职责范围,受教育水平和我国政治制度、管理体制、科技水平和产业结构的现状及发展因素。

中类划分时考虑了执业活动所涉及的知识领域、工具设备、技术方法及产品或服务种类等因素。

小类划分时考虑了从业人员作业环境、工作条件和技术性质。

细类的划分是在坚持工作性质统一性的基础上,考虑了工艺及技术的统一性、使用工具、设备的统一性、使用主要材料的统一性、铲平用途和服务的统一性等因素。

此外,我国组织机构分类、行业分类、学科分类、职位职称分类等分类体系也是职业分类的重要参考依据。

对于脑力劳动者,一般要考虑其所具备的技能、学识、经历以及职务上所承担的责任。对于体力劳动者,一般要考虑其劳动作业程序、使用的工具设备及原料、生产的产品、提供服务的种类及服务的类型等。

二、职业标准

我国现行的国家职业技能标准是由工人技术等级标准发展演变而来为,工人技术等级标准20世纪50年代从苏联移植而来,1956年实行工资改革,全国按产业生产技术特点规定工人工资标准,在工业企业中实行八级工资制。此后,分别在1963、1979、1988年经过了三次修订,为了适应职业教育培训、职业技能鉴定以及就业服务的需要,1994年,原劳动部将部分《工人技术等级标准》发展成为《职业技能标准》。2000年以后,原劳动保障部明确将《工人技术等级标准》和《职业技能标准》统一规范为《国家职业标准》,并按照"以职业活动为导向,以职业能力为核心"的技术原则,建立职业标准编制技术规程,统一标准内容和描述方式。

工人技术等级标准和职业技能标准,很大程度上是一种学科导向性标准。用这种标准指导职业培训和技能鉴定的结果往往是:所培养的学生和取得证书的人员能够掌握不少理论知识,但实际工作所需的职业技能不足,职业素质不高,难以适应企业和用人单位的需要。国家职业标准是一种职业导向性标准,它以职业活动为导向,以职业技能为核心,通过运用职业功能分析方法,研究确定职业教育培训和考核的内容新体系。大大提高了学生和证书持有者的现场适应能力。目前,根据不同的职业,以上标准同时并存。一般的,新开发的职业标准是按照国家职业标准制定技术规程的要求进行的,以往开发的工人技术等级标准和职业技能标准继续使用。

国家职业标准包括职业概况、基本要求、工作要求和比重表四个部分,其中工作要求为国家职业技能标准的主体部分。职业概况是对本职业的基本情况的描述,包括职业名称、职业定义、职业等级、职业环境条件、职业能力特征、培训要求、鉴定要求共 7 项内容;基本要求包括职业道德和基础知识,其中职业道德是指从事本职业工作应具备的基本观念、意识、品质和行为的要求,一般包括职业道德知识、职业态度、行为规范;基础知识是指本职业各等级从业人员都必须掌握的通用基础知识,主要是与本职业密切相关并贯穿于整个职业的基本理论知识、有关法律知识和安全卫生、环境保护知识;工作要求是在对职业活动内容进行分解和细化的基础上,从技能和知识两个方面对完成各项具体工作所需职业能力的描述。包括职业功能、工作内容、技能要求、相关知识。其中职业功能是指一个职业所要实现的活动目标,或是一个职业活动的主要方面(活动项目)。根据不同职业的性质和特点,可按工作领域、项目或工作程序来划分。工作内容是指完成职业功能所应做的工作,可以按种类划分,也可以按照程序划分。每项职业功能一般包含两个或两个以上的工作内容。技能要求是指完成每一项工作内容应达到的结果或应具备的技能。相关知识是指完成每项操作技能应具备的知识,主要指与技能要求相对应的技术要求、有关法规、操作规程、安全知识和理论知识等;比重表包括理论知识比重表和技能比重表。其中,理论知识比重表反映基础知识和每一项工作内容的相关知识在培训考核中应占的比例;技能比重表反映各项工作内容在培训考核中所占的比例。截至 2011 年国家颁布国家职业标准 1023 个(其中实行准入控制资格的有 87 个)。

第二节　职业资格

一、资格与职业资格

《辞海》对“资格”解释:资,原指地位、经历等;格,是公令条例,后泛指人在社会上的地位、精力为“资格”。在现代社会中,“资格”是指某种社会活动(职业)应具备的公认的甚至市政府认可的标准、条件。在经济全球化的时代,随着多种职业的出现,这类公认标准的职业资格定义开始跨过国界。

劳动部、人事部在《关于颁发〈职业资格证书制度〉的通知》(劳部发[1994]98 号)中明确:“职业资格是对从事某一职业所必备的学识、技术和能力的基本要求”。对职业准入性质的职业资格做了如下定义:“是政府对某些责任较大,社会通用性强,关系公共利益的职位实行的准入控制,是专业技术人员依法独立开业或独立从事某种专业技术工作学识、技术和能力的必备标准”(《人事部关于印发〈职业资格证书制度暂行办法〉的通知》人职发[1995]6号)。

在原劳动部和人事部共同颁布的《职业资格证书规定》中规定,职业资格包括从业资格和执业资格。从业资格是指从事某一专业(工种)学识、技术和能力的起点标准。执业资格是指政府对某些责任较大,社会通用性强,关系公共利益的专业(工种)实行准入控制,是依法独立开业或从事某一特定专业(工种)学识、技术和能力的必备标准。

二、职业资格制度

制度是规范人们行为的规则。目前很多人认为职业资格是以认证为实现手段,以证书为表现形式。因此,就错把职业资格制度等同于职业资格认证制度或职业资格证书制度。

职业资格制度是由法律、法规、政策明确规定的,按照国家规定的职业技能标准或任职资格条件,对有关职业资格范围、职业分类、获取程序、考核标准、证书管理、质量保障、管理机构等各项内容制度规定的总和。它是以职业能力为核心,是在一国领域乃至国际领域内通行的对各类人才的技术、技能认证制度;它是经政府授权的鉴定考核机构对从业者的职业技能或是从是某一职业的资格进行科学的评价和鉴定,继而颁发给合格者相应的职业资格证书;它是以国家制定的特定职业标准,以一定的程序和方式评价,以规范社会从业成员达到从事某种职业活动所具备的基本条件的社会活动的体系;它应该是社会上所称的职业资格证书制度、职业资格认证制度和职业资格评价制度三者的有机统一;它是国家劳动就业制度的一项重要内容,也是一种特殊形式的国家考试制度。职业资格的外延包括:注册建筑师、监理工程师、执业药师、房地产评估师、资产评估师、律师等主要以考试方式针对专业技术人员、以技能鉴定方式针对各个工种的职业群体的职业资格认证。除此以外,在广义上还应包括经济、会计、统计、审计等以专业技术职务聘任制形式出现的针对专业技术人员职业群体任职资格的认证。

以从属的制度主体划分,职业资格制度可划分为与专业技术职称(职务)相关的专业技术资格(任职资格),与职业准入控制职业规范相关联的执业资格(准入性职业资格)、从事“某一职业所必备的学术、技术能力的起点标准”的从业资格(水平类职业资格)三大类。

三、职业资格证书制度及管理

1993年中共中央《关于建立社会主义市场经济体制若干问题的决定》指出:“制定各种职业的资格标准和录用标准,实行学历文凭和职业资格两种制规定的职业制定职业技能标准,实行职业资格证书制度”。《劳动法》第八章第六十九条规定:“国家确定职业分类,对规定的职业制定职业技能标准,实行职业资格证书制度,由经过政府批准的考核鉴定机构负责对劳动者实施职业技能考核鉴定”。《职业教育法》第一章第八条明确指出:“实施职业教育应当根据实际需要,同国家制定的职业分类和职业等级标准相适应,实行学历文凭、培训证书和职业资格证书制度”。

职业资格证书制度是劳动就业制度的一项重要内容,也是一种特殊形式的国家考试制度。它是指按照国家制定的职业技能标准或任职资格条件,通过政府认定的考核鉴定机构,对劳动者的技能水平或职业资格进行客观公正、科学规范的评价和鉴定,对合格者授予相应的国家职业资格证书。职业资格证书是表明劳动者具有从事某一职业所必备的学识和技能的证明。它是劳动者求职、任职、开业的资格凭证,是用人单位招聘、录用劳动者的主要依据,也是境外就业、对外劳务合作人员办理技能水平公证的有效证件。

1994 年劳动部、人事部颁发《职业资格证书规定》中指出:若干专业技术资格和职业技能鉴定(技师、高级技师考评和技术等级考核)纳入职业资格证书制度。劳动部负责以技能为主的职业资格鉴定和证书的核发与管理(证书的名称、种类按现行规定执行)。人事部负责专业技术人员的职业资格评价和证书的核发与管理。2008 年大部制改革,国家职业资格管理机构也发生了变化,国家人力资源和社会保障部综合管理国家职业资格,我国国家职业资格证书也主要是由人力资源和社会保障部及其下设部门人力资源和社会保障部职业技能鉴定中心以及人力资源和社会保障部人事考试中心三大部门负责国家职业资格证书的颁发和管理,但也存在一些其他专项颁证部门,如会计从业资格证书由财政部颁发,统计从业资格证书由国家统计局颁发等。具体分工如下:

人力资源与社会保障部职业能力建设司主要负责完善职业技能资格制度,组织拟订职业分类、职业技能国家标准和行业标准;人力资源和社会保障部职业技能鉴定中心主要承担国家职业分类大典的编制和修订、国家职业标准的制定、国家职业资格证书制度实施的技术指导,负责国家职业技能鉴定命题的组织和管理工作,组建国家题库网络,承担有关职业的全国统一鉴定和示范性鉴定。省级职业技能鉴定(指导)中心,主要负责组织本地区职业技能鉴定工作和具体实施考评员的资格培训,开展职业技能鉴定有关问题的研究和咨询服务,推动本地区职业技能竞赛活动。行业职业技能鉴定(指导)中心,参与制定国家职业技能标准以外非社会通用的本行业特有工种的职业技能标准;组织本行业特有工种的职业技能鉴定工作和考评员的资格培训;开展职业技能鉴定及有关问题的研究和咨询服务,推动本行业的职业技能竞赛活动。人力资源和社会保障部人事考试中心,负责由人力资源和社会保障部组织实施的国家统一的专业技术资格考试,专业技术人员职业(执业、从业)资格考试以及与评聘专业技术职务相关的专业技术资格考试的命题,考务组织管理,考试信息的采集及数据处理,编写有关考试大纲及教材,指导和协调地方实施考试等工作。

四、准入制度

《中华人民行政许可法》第二十条规定了 6 个方面事项可以设定行政许可,其中第三款规定:"提供公众服务并且直接关系公共利益的职业、行业,确定具备特殊信誉、特殊条件或者特殊技能等资格、资质的事项"。2005 年《国务院关于大力发展职业教育的决定》明确提出:"要进一步完善涉及人民生命财产和安全的相关职业的准入办法",并提出全面推进和规范职业资格证书制度,加强对职业技能鉴定、专业技术人员职业资格评价、职业资格证书颁发工作的指导与管理,要尽快建立能够反映经济发展和劳动力市场需要的职业资格标准体系。从以上政策可以看出职业资格中的一个重要分支就是准入类的职业资格。

五、职业资格认证类型

职业资格认证是对从事某一职业所必备的学识、技术和能力的基本要求,目前,我国国家职业资格认证主要有人力资源和社会保障部进行综合管理和实施。这些实施的职业资格考试都是全国统一设立标准、统一命题、统一大纲,证书在全国有效。

(一)国家职业资格认证

1. 原人事部与相关部委及其所属机构组织的职业资格认证

这类职业资格认证包括各类准入资格标准和从业资格标准。这些职业资格包括:执业药师、注册建筑师、注册结构工程师、勘察设计注册工程师、注册土木工程师、监理工程师、房地产估价师、造价工程师、珠宝质检师、注册税务师、企业法律顾问、矿产评估师、注册城市规划师、价格鉴证师、棉花质检师、矿业权评估师、注册咨询工程师、注册安全工程师、注册核安全工程师、建造师等。

2. 由劳动和社会保障部及其所属机构所组织的职业资格认证

这类职业资格认证最初被称为工人技术等级考核。劳动和社会保障部职业资格认定的主要对象是生产、经营、操作性岗位的劳动者，依据《中华人民共和国劳动法》相关条款“对规定的职业制定职业技能标准、实行职业资格证书制度，并经过政府批准的考核鉴定机构负责对劳动者实施职业技能考核鉴定”，1999 年颁布的《中华人民共和国职业分类大典》将中国社会职业归为 8 个大类，66 个中类，413 个小类，1838 个细类，近些年来新兴的职业资格标准超过了 500 个，包括：职业指导人员、电工仪器仪表装配工、防腐蚀工、企业人力资源管理人员（试行）、电子仪器仪表装配工、电线电缆制造工、精密仪器仪表修理工、汽车修理工、装饰美工、家政服务员等。截至 2011 年正式颁布的国家职业标准有 1023 个（其中实行准入控制的资格为 87 个）。

3. 由国家法律或国务院法规所明确设置的职业资格

该类资格依据法律设定，大多有业务主管部门依据法律在国家制度框架下运行。例如：

（1）教师资格。自 1994 年 1 月 1 日起实行的《中华人民共和国教师法》，明确了实行教师资格制度，不具备法律规定的教师资格的公民，申请获取教师资格证，必须通过国家教师资格考试，而国家教师资格考试制度由国务院规定。

（2）注册会计师资格。自 1994 年 1 月 1 日起实施的《中华人民共和国注册会计师法》明确规定，国家实行注册会计师全国统一考试制度，注册会计师全国统一考试办法由国务院财政部门制定，由中国注册会计师协会组织实施。

（3）法律职业资格等（司法考试）根据《中华人民共和国律师法》、《国家司法考试实施办法》规定，取得律师资格必须通过国家司法考试，因此，国家司法考试是由国家统一组织的从事特定法律职业的资格考试。

另外，根据行政许可法，经过《国务院对确需保留的行政审批项目设定行政许可的决定》（国务院第 412 号令）认可确需保留的行政审批项目，还有其他职业资格，如：保监会的保险从业人员资格、保险经纪从业人员资格等也都在广义的职业资格范围之中。当然还有一些类似的职业资格也是根据国家的法规、由部门规章明确设置的职业资格。

（二）地方政府组织的职业资格认证

随着经济的飞速发展，新兴行业不断涌现。国家现有的职业标准已不能满足人们对新兴行业和人才紧缺行业的认证需求，一些地方政府开始组织地方的职业资格认证。例如：2004 年开始，上海市以上海职业能力考试为依托，根据上海城市功能定位，在其主要行业建立了国际金融、港航资产管理、文化、建设、信息、汽车、农业、语言水平等 10 个人才认证中心，确定了《上海市专业技术人才职业能力认证目录》，并先行开发出了社会工作者、文物博物、标准化、人才中介、软件质量、现代物流等 40 个专业技术职业资格项目。这些认证考试在长江三角洲经济区域的发展中起到了很好的作用，满足了地域职业发展的需求，其中的某些职业资格项目逐步被国家建立的资格制度所覆盖。

（三）行业协会或学会组织的行业性职业资格认证

近些年来，越来越多的行业协会开始在本行业的职业资格认证方面发挥作用。由于他们对市场的把握较为敏锐，能够很快洞悉行业需求，因此设立的资格证书或职业培训证书能够满足行业的需求和从业者的需求。有部分协会职业资格是依据国家相关法律设定的，但是大部分协会的职业资格并没有纳入国家职业资格规划中。比较大型的行业职业资格考试认证，如：中国物流与采购联合会组织的全国物流师资格认证，中国企业联合会设置组织的企业经理人等。这些项目还包括：注册人力资源管理师、人力资源测评师、注册企业培训师、职业经理人、职业经理（行政总监）资质评价、商务策划师资格证书、人才测评师、资质评价、品牌管理、人才咨询这样比较热门的职业资格，但也不乏食品安全师、质量管理师、神经外科专科医师、CT 医师、MRI 医师、CD FI 医师这样比较敏感的职业资格类型。

（四）境外机构在我国开展的相关资格认证

近年来，由于我国对外开放的政策，国际各类职业资格认证与国内的单位以开展各类培训、认证等形式进入国内。为规范和加强国外职业资格证书的引进和管理，根据《中华人民共和国劳动法》和《关于对引进国外职业资格证书加强管理的通知》（劳社部发[1998]18号），劳动和社会保障部职业技能鉴定中心印发了《国外职业资格证书注册管理实施细则（试行）》的通知（劳社鉴发[2004]2 号），对境外相关机构资格实行注册管理，目前境外相关机构有 17 个认证的证书，具体如下：

①注册职业采购经理证书（Certified Professional Purchasing Manager，缩写为 CPPM）美国；

②商务管理证书（Business/Management Certificate）英国；

③旅游管理证书（Travel and Tourism Certificate）英国；

④企业行政管理资格证书（Administration）英国；

⑤商贸零售管理服务人员资格证书（Retailing）英国；

⑥国际财务管理师证书（International Finance Manager，缩写为 IFM）美国；

⑦国际商业美术设计师证书（International Commercial Art Designer Certificate，缩写为 ICAD）香港；

⑧特许金融分析师证书（Chartered Financial Analyst）美国；

⑨国际职业英语水平考试（Test of English for International Communication，缩写为 TOEIC）美国；

⑩企业风险管理师证书（Certified Enterprise Risk Manager）香港；

⑪酒店管理证书（Hospitality Management）英国；

⑫观光旅游（Travel and Tourism）英国；

⑬电子工程（Electronics Engineering）英国；

⑭设施管理职业资格证书（Facility Management Professional，缩写为 FMP）美国；

⑮实用日本语鉴定考试（Test of Practical Japanese，简称 J. TEST）日本；

⑯银行风险与监管国际证书（International Certificate in Banking Risk and Regulation，英文缩写 ICBRR）美国；

⑰职业韩国语能力考试（Occupation Korean Test，简称“OK-TEST”）韩国。

六、职业资格考试

我国职业资格考试是由1990年专业技术资格考试开始创建实施的，作为职业资格的另外两类考试(从业资格考试和执业资格考试)，则是在1994年职业资格制度法规颁布后才逐步实施的。对于技能人员资格考试大多采取了技能鉴定方式，少部分辅以纸笔考试，而大部分专业技术人员类资格考试一般采用大规模的纸笔考试模式。

第三节 职称及其相关知识

一、职称

职称制度在实践上经历了一个漫长、复杂和曲折的过程(见表2-1)，因而导致同在"职称"概念之下，我国先后实行过单一的专业技术"职务"制、"称号、学衔"制和双轨制"职务"与"职称"并行，"职务"与岗位齐操作的情景。不同的时期职称的内涵不尽相同，包含了职务、职位、学衔、称号、资格、岗位等多种含义。现在所说的职称是指对各类专业技术人员的水平、能力与成就的评价以及各类专业技术学职务的统称，包括专业技术任职资格，专业技术资格和职业(执业)资格。以下是不同时期的职称制度情况。

职称制度改革历程　　表2-1

时间(年)	职称制度改革	改革背景
1949～1977	专业技术职务任命制	计划经济体制的大一统管理
1977～1983	职称评审制度	干部队伍四化、废除终身制
1983～1986	职称工作暂停	开始探索分类管理体制改革
1986～1994	专业技术职务聘任制(职称评审制度)	事业单位人事制度改革开始启动
1994～今	在与原制度并行的基础上推行职业资格证书制度	改革全面规范、整体推进

1.技术职务任命制度

新中国成立以后，国家按照"原职原薪"原则，对科学技术领域的技术人员在旧中国获得技术职务继续保留，由各地方和各部门稍加改造，就直接任命，职称工作和行政职务任命吻合，职称就是"职务"。1952年公布了5个技术职称系列，即高等院校教师、科研人员、工程技术、卫生技术、新闻出版系列。这一时期职称控制很严，职务由行政领导、党委直接任命，与工资挂钩，有岗位限制，具有明显的"终身"属性，并且职称系列非常少，仅限于科学技术领域。

2.专业技术人员聘任制

1986年我国政府先后颁布了《关于改革职称评定、实行专业技术职务聘任制的报告》(中发[1986]3号)和《关于实行专业技术职务聘任制的规定》(中发[1986]27号)两个文件。专业技术职务是指在企事业单位中与行政管理职务相并行的一种职务系列，有明确的岗位、任职条件、岗位职责和相应的工资待遇。1983～1986年，职称评定工作暂停，1986～1988年职称系列从22个增至30个，见表2-2。自1986年推行专业技术聘任制以来，此时的职称已经明确为“职务（资格）”了，这里的职称不再是称号，不同于学位、学衔、学术或技术称号，而是重回职务（资格），强调了职务职责，包括按需设岗，与工资直接挂钩，评聘分开，有编制，人员结构比例和限额的规定，不搞终身制，实行任期职务制，不搞通用制，只在本单位有效，实行聘后考核管理，实行能上能下等原则。表2-3为现行我国专业技术职称系列与专业技术职务名称对照表。

新中国成立以来我国职称系列的变化 表2-2

时间（年）	系列	具体系列
1952～1978	5	工程技术、高等学校教师、科研、卫生、新闻出版（技术职称）
1978～1981	7	会计、经济、统计、图书资料、翻译、新闻记者、编辑（始称专业技术职称）
1978～1983	22	工程技术、高等学校教师、科研、农业技术、卫生、新闻记者、编辑、图书档案资料、文博、经济、会计、统计、翻译、中专教师、技校教师、体育教练、工艺美术、播音员、社科研究、科技情报管理、科技管理、海关
1986～今	30	档案专业人员、卫生技术人员、高等学校教师、自然科学研究、图书、资料专业人员、实验技术人员、广电视播音员、出版专业人员、翻译专业人员、工程技术人员、工艺美术人员、会计专业人员、技工学校教师、经济专业人员、律师人员、农业技术人员、中国社会科学研究、统计专业人员、文博专业人员、新闻专业人员、艺术专业人员、民用航空飞行技术人员、船舶技术人员、公证人员、体育教练、企业思想政治工作人员、法医技术人员、专利技术人员、盲人按摩医疗人员、中小学教师

专业技术职称系列与专业技术职务名称对照表 表2-3

序号	职称系列	职务设置	专业技术职务名称
1	档案专业人员	高级职务	研究馆员、副研究馆员
		中级职务	馆员
		初级职务	助理馆员、管理员
2	卫生技术人员（医、药、护、技）	高级技术职务	主任医（药、护、技）师、副主任医（药、护、技）师
		中级技术职务	主治（主管）医（药、护、技）师、主治（主管）医（药、护、技）师
		初级技术职务	医（药、护、技）师、医（药、护、技）士
3	自然科学研究人员	高级研究职务	研究员、副研究员
		中级研究职务	助理研究院
		初级研究职务	实习研究院
4	高等学校教师		助教、讲师、副教授、教授
5	图书、资料专业人员		研究馆员、副研究馆员、馆员、助理馆员、管理员
6	实验技术人员	高级实验技术职务	高级实验师
		中级实验技术职务	实验师
		初级实验技术职务	实验员、助理实验师

续上表

<table>
<tr><th>序号</th><th>职称系列</th><th>职务设置</th><th>专业技术职务名称</th></tr>
<tr><td rowspan="3">7</td><td rowspan="3">广播电视播音专业人员</td><td>高级职务</td><td>播音指导、主任播音员</td></tr>
<tr><td>中级职务</td><td>一级播音员</td></tr>
<tr><td>初级职务</td><td>二级播音员、三级播音员</td></tr>
<tr><td rowspan="3">8</td><td rowspan="3">出版专业人员（编辑、技术编辑、校对）</td><td>高级职务</td><td>编审、副编审</td></tr>
<tr><td>中级职务</td><td>编辑、技术编辑、一级校对员</td></tr>
<tr><td>初级职务</td><td>助理编辑、助理技术编辑、技术员、二级校对、三级校对</td></tr>
<tr><td rowspan="3">9</td><td rowspan="3">翻译专业人员</td><td>高级职务</td><td>译审、副译审</td></tr>
<tr><td>中级职务</td><td>翻译</td></tr>
<tr><td>初级职务</td><td>助理翻译</td></tr>
<tr><td>10</td><td>工程技术人员</td><td></td><td>技术员、助理工程师、工程师、高级工程师</td></tr>
<tr><td>11</td><td>工艺美术专业人员</td><td></td><td>高级工艺美术师、工艺美术师、助理工艺美术师、工艺美术员</td></tr>
<tr><td rowspan="3">12</td><td rowspan="3">会计专业人员</td><td>高级职务</td><td>高级会计师</td></tr>
<tr><td>中级职务</td><td>会计师</td></tr>
<tr><td>初级职务</td><td>助理会计师、会计员</td></tr>
<tr><td rowspan="2">13</td><td rowspan="2">技工学校教师（理论教师、实习指导教师）</td><td>文化、技术理论教师</td><td>高级讲师、讲师、助理讲师、教员</td></tr>
<tr><td>生产实习课教师</td><td>高级实习指导教师、一级实习指导教师、二级实习指导教师、三级实习指导教师</td></tr>
<tr><td>14</td><td>经济专业人员</td><td></td><td>经济员、助理经济师、经济师、高级经济师</td></tr>
<tr><td rowspan="3">15</td><td rowspan="3">律师</td><td>高级职务</td><td>一级律师、二级律师</td></tr>
<tr><td>中级职务</td><td>三级律师</td></tr>
<tr><td>初级职务</td><td>四级律师、律师助理</td></tr>
<tr><td rowspan="3">16</td><td rowspan="3">农业技术人员</td><td>高级技术职务</td><td>高级农艺师</td></tr>
<tr><td>中级技术职务</td><td>农艺师</td></tr>
<tr><td>初级技术职务</td><td>助理农艺师、农业技术员</td></tr>
<tr><td>17</td><td>中国社会科学院研究人员</td><td></td><td>研究院、副研究员、研究院、实习研究员</td></tr>
<tr><td rowspan="3">18</td><td rowspan="3">统计专业人员</td><td>高级职务</td><td>高级统计师</td></tr>
<tr><td>中级职务</td><td>统计师</td></tr>
<tr><td>初级职务</td><td>助理统计师、统计员</td></tr>
<tr><td rowspan="3">19</td><td rowspan="3">文物、博物专业人员</td><td>高级职务</td><td>研究馆员、副研究馆员</td></tr>
<tr><td>中级职务</td><td>馆员</td></tr>
<tr><td>初级职务</td><td>助理馆员、文博管理员</td></tr>
</table>

续上表

序号	职称系列	职务设置	专业技术职务名称
20	新闻专业人员（记者、编辑）	高级职务	高级记者、主任记者、高级编辑、主任编辑
		中级职务	记者、编辑
		初级职务	助理记者、助理编辑
21	艺术专业人员（编剧、导演、演员、演奏、指挥、作曲、舞台美术设计，以及各类专业美术创作人员）		将编剧、导演、演员、演奏、指挥、作曲、舞台美术设计，以及各类专业美术创作人员的职务（艺术等级）定位一级、二级、三级、四级； 舞台技术职务定为主任舞台技师、舞台技师、舞台技术员，分别与艺术专业的二、三、四级相对应
22	民用航空飞行技术人员（飞行、领航、通信、机械）	高级职务	一级飞行员、一级领航员、一级飞行通信员、一级飞行机械员
		中级职务	二级飞行员、二级领航员、二级飞行通信员、二级飞行机械员
		初级职务	三、四级飞行员、三、四级领航员、三、四级飞行通信员、三、四级飞行机械员
23	船舶技术人员（驾驶、轮机、电机、报务）	高级技术职务	高级船长、高级轮机长、高级电机员、高级报务员
		中级技术职务	船长、大副、轮机长、大管轮、通用电机员、一等报务员、通用报务员、一等报务员
		初级技术职务	二副、三副、二管轮、三管轮、二等电机员、二等报务员、限用报务员
24	公证员	高级职务	一级公证员、二级公证员
		中级职务	三级公证员
		初级职务	四级公证员、公证员助理
25	体育教练员	高级职务	高级、国家级教练
		中级职务	一级教练
		初级职务	三级、二级教练
26	企业思想政治工作人员	高级职务	高级政工师
		中级职务	政工师
		初级职务	助理政工师、政工员
27	法医人员		主任法医、副主任法医、主检法医、法医师、法医士
28	专利技术人员（专利代理、专业审查）	专利审查人员	专利审查研究员、专利审查副研究员、专利审查助理研究员、专利审查研究实习员
		专利代理人员	专利代理研究员、专利代理副研究员、专利代理助理研究员、专利代理研究实习员

续上表

序号	职称系列	职务设置	专业技术职务名称
29	盲人医疗按摩人员		按摩医士、按摩医师、主治按摩医师、副主治按摩医师、主任按摩医师
30	中小学教师	高级职务	副高级、正高级：高级教师、正高级教师（原中学高级教师，包括在小学中聘任的中学高级教师，对应高级教师）
		中级职务	中级：一级教师（原中学一级教师和小学高级教师对应一级教师，原中学二级教师和小学高级教师对应一级教师）
		初级职务	员级、助理级：三级、二级教师（原中学二级教师和小学一级教师对应二级教师，三中学三级教师和小学二级、三级教师对应三级教师）

学术技术称号制度：国家根据科学人员、高等学校教师在工作岗位上所达到的学术水平、工作能力和工作成就而授予的学术职务称号。这一时期的学术技术称号，已完全不同于职务，不再由行政领导任命，由专家评审，具有荣誉性质，可以终身保持。

学术技术学衔制度：职称作为学衔，其评价标准是学术技术水平，在同一专业系列下，其资格要求应保持一致，不存在单位、个人之间的高低差别，而且学衔评定不应有资历的限制，只要有水平、有成果，就可以评定，同时也不应有指标和数量的限制。另外，《人事部职位职称司对（关于专业技术人员犯错误受处理后是否取消专业技术职务资格的请示）的答复》（人职司函[1989]4 号）中明确："专业技术职务不同于一次获得后而终身享有的学位、学衔等各种学术、技术称号。"因此，从 1986 年开始职称改革，实行专业技术职务聘任制度以后，不存在"专业技术任职资格"的概念。专业技术人员犯错误受到处理，如果被解聘（包括工作调动、变更专业等的"自然解聘"），不再担任专业技术职务，也就不再存在什么"任职资格"。应当指出的是，如果某个专业技术人员在 1983 年 9 月 1 日以前取得专业技术职称，那么这个职称（通常许多人把它理解为"任职资格"）是存在的，因为它只是一种学术技术称号。

二、职称与职业资格

职业资格是国家对申请人专业学识、技术、能力的认可，是求职、任职、晋升的主要依据。职业资格是劳动者从事某一职业所具备的学识、技术核能的基本要求。包括从业资格和执业资格。职业资格是从市场经济背景出发，与国际接轨，并针对一些特殊的、特定职业而建立的一种人才评价制度，它与职称互为补充。职称制度使用的人群是国有体制内的专业技术人员，有明显的单位属性，不同的单位有不同的评聘条件和认可。而职业资格是适用于各种用人体制下的各类职业工业人员，具有严格的行业标准，国家统一考试、统一认证。自 1993 年中共中央《关于建立社会主义市场经济体制若干问题的决定》指出："制定各种职业的资格标准和录用标准，实行学历文凭和职业资格两种制规定的职业制定职业技能标准，实行职业资格证书制度"以来，原来 29 个职称系列中社会通用较轻的系列或专业调整为职业资格制度，其中，执业资格制度截至目前已推行 23 项，有些也与职称取得了初步接轨。

职业资格是从岗位入手、一个层次的评级标准，而以往的职称评定时是多层次的；职业资格用考试办法进行，职称是通过考核或评审的方法取得；职业资格具有国际可比性，而职称不考虑国际可比性；职业资格实行注册管理，而职称实行考核管理，职业资格正是对职称制度的有益补充。所以,职称和职业资格是相互补充、相互辅助的关系,职业资格的特点是“岗位明确、层次简单;条例控制、考试取得;定期注册、国际可比”,优点很多,并不可代替。大力发展职业资格是大势所趋,但职称制度的重要性和不可替代性也被国外许多国家承认。

三、职称考试

(1)《人事部关于专业技术人员职称外语等级统一考试的通知》(人发[1998]54号)和《人事部关于专业技术人员计算机应用能力考试的通知》(人发[2001]124号)是专业技术人员职称外语等级考试、计算机应用能力考试的依据,是与评聘专业技术职务相关的专项考试,也是评定职称的基本资格考试。

(2)为了减少传统职称评审中过多的人为干扰因素,保证专业技术职务的质量,我国在总结历次职称改革经验基础上,参照国际通用做法,实行专业技术资格考试,目前开始实行专业技术资格的专业有11类。专业技术资格考试是指国家对专业技术人员的业务知识和实际能力的评价考试,实行全国统一组织、统一大纲、统一命题、统一合格标准,考试合格者颁发全国统一的专业技术资格证书。于1990年开始,首先在计算机应用软件和统计专业人员中进行。其余还包括经济、统计、出版、会计、审计、船舶、计算机与软件、卫生、国家商务、翻译等十余种专业。

(3)职业资格考试。职业资格考试制度作为国际通行的管理制度在我国应运而生。自1986年,随着《注册会计师条例》的颁布,我国建立起第一项专业技术职业资格考试制度,1994年,我国开始制定各类职业的资格标准和录用标准,实行学历文凭和职业资格两种制度。职业资格考试包括从业资格考试和执业资格考试两部分,从业资格通过学历认定或考试取得,执业资格通过考试方法取得。由国家定期举行,考试实行全国统一大纲、统一命题、统一组织考试、统一证书,所取得的执业资格经注册后,全国有效。截至目前,职业资格考试达61项。执业资格50项,(其中准入性职业资格考试41项,水平类职业资格9项),与专业技术职务评聘的有关专业资格11项。表2-4为专业技术人员职业资格汇总表。

专业技术人员职业资格汇总表 表2-4

序号	名　称	主管部门	批　准　文
1	监理工程师	建设部	《监理工程师资格考试和注册办法》(1992年建设部第18号令)
2	注册建筑师	建设部	《关于建立注册会计师制度及有关工作的通知》(建设[1994]第598号)《中华人民共和国注册建设师条例》(1995年国务院184号令)
3	执业药师	国家药监局	《执业药师资格暂行规定》(人发[1999]34号)
4	房地产估价师	建设部	《房地产估价执业资格制度暂行规定》(建房[1995]147号)
5	注册资产评估师	财政部	《注册资产评估执业资格制度暂行规定》(人职发[1995]54号)
6	造价工程师	建设部	《造价工程师执业资格制度暂行规定》(人发[1996]77号)
7	珠宝玉石质量检验师	国家质监局	《珠宝玉石质量检验专业技术人员执业资格制度暂行规定》(人发[1996])79号)

续上表

序号	名　称	主管部门	批　准　文
8	注册税务师	国家税务总局	《注册税务师资格制度暂行规定》(人发[1996]116号)
9	拍卖师	国家经贸委	《拍卖师执业资格制度暂行规定》(人发[1996]130号)
10	注册结构工程师	建设部	《注册结构工程师执业资格制度暂行规定》(建办设[1997]222号)
11	企业法律顾问	国家经贸委	《企业法律顾问执业资格制度暂行规定》(人发[1997]26号)
12	假肢与矫形器制作师	民政部	《假肢与矫形器制作师执业资格制度暂行规定》(人发[1997]38号)
13	矿产资源储量评估师	国土资源部	《矿产资源储量评估师执业资格制度暂行规定》(人发[1999]33号)
14	注册城市规划师	建设部	《注册城市规划师执业资格制度暂行规定》(人发[1999]39号)
15	价格鉴证师	国家计委	《价格鉴证师职业资格制度暂行规定》(人发[1999]66号)
16	棉花质量检验师	国家质监局	《棉花质量检验师职业资格制度暂行规定》(人发[2000]82号)
17	矿业权评估师	国土资源部	《矿产权评估师职业资格制度暂行规定》(人发[2000]70号)
18	注册咨询工程师	国家计委	《注册咨询工程师(投资)执业资格制度暂行规定》(人发[2000]82号)
19	注册土木工程师(岩土)	建设部	《注册土木工程师(岩土)执业资格制度暂行规定》(人发[2000]35号)
20	注册安全工程师	安全监管局	《注册安全工程师执业资格制度暂行规定》(人发[2002]87号)
21	房地产经纪人	建设部	《房地产经纪人员职业资格制度暂行规定》(人发[2001]128号)
22	国际商务职业资格	外经贸部	《国际商务专业人员职业资格制度暂行规定》(人发[2002]70号)
23	建造师	建设部	《建造师职业资格制度暂行规定》(人发[2002]111号)
24	土地登记代理人*	国土资源部	《土地登记代理人职业资格制度暂行规定》(人发[2002]116号)
25	注册核安全工程师	国家环保总局	《注册核安全工程师执业资格制度暂行规定》(人发[2002]106号)
26	注册公用设备工程师	建设部	《注册公用设备工程师执业资格制度暂行规定》(人发[2003]24号)
27	注册电气工程师	建设部	《注册电气工程师执业资格制度暂行规定》(人发[2003]25号)
28	注册化工工程师	建设部	《注册化工工程师执业资格制度暂行规定》(人发[2003]26号)
29	注册土木工程师(港口与航道)	建设部、交通部	《注册土木工程师(港口与航道)》(人发[2003]27号)
30	注册设备监理师	国家质检总局	《注册设备监理师执业资格制度暂行规定》(国人部发[2003]40号)
31	注册环保工程师	建设部、环保总局	《注册环保工程师制度暂行规定》(国人部发[2005]56号)

续上表

序号	名　称	主管部门	批　准　文
32	注册土木工程师（水利水电工程）	建设部、水利部	《注册土木工程师（水利水电工程）制度暂行规定》（国人部发［2005］58号）
33	地震安全性评价工程师	国家地震局	《地震安全性评价工程师制度暂行规定》（国人部发［2005］72号）
34	勘察设计注册石油天然气工程师	建设部	《勘察设计注册石油天然气工程师制度暂行规定》（国人部发［2005］84号）
35	勘察设计注册冶金工程师	建设部	《勘察设计注册冶金工程师制度暂行规定》（国人部发［2005］85号）
36	勘察设计注册采矿/矿物工程师	建设部	《勘察设计注册采矿/矿物工程师制度暂行规定》（人发［2005］86号）
37	勘察设计注册机械工程师	建设部	《勘察设计注册机械工程师制度暂行规定》（国人部发［2005］87号）
38	物业管理师	建设部	《物业管理师制度暂行规定》（国人部发［2005］95号）
39	注册验船师	交通部、农业部	《注册验船师制度暂行规定》（国人部发［2006］8号）
40	注册计量师	国家质检总局	《注册计量师制度暂行规定》（国人部发［2006］40号）
41	质量专业职业资格*	国家质监局	《质量专业技术人员资格考试暂行规定》（人发［2001］123号）
42	出版专业职业资格	新闻出版总署	《出版专业技术人员职业考试暂行规定》（人发［2001］86号）
43	翻译	外文局	《翻译专业资格（水平）考试暂行规定》（人发［2003］21号）
44	环境影响评价工程师*	国家环保总局	《环境影响评价工程师职业资格制度暂行规定》（国人部发［2004］13号）
45	投资建设项目管理师*	国家发改委	《投资建设项目管理师职业水平认证制度暂行规定》（国人部发［2004］110号）
46	管理咨询人员*	国家发改委	《管理咨询人员职业水平认证制度暂行规定》（国人部发［2005］71号）
47	通信专业技术人员*	信息产业部	《通信专业技术人员职业水平评价暂行规定》（国人部发［2006］10号）
48	机动车检测维修专业技术人员*	交通部	《制度暂行规定》（人发［2006］51号）
49	社会工作者*	民政部	《社会工作者职业水平评价暂行规定》（国人部发［2006］71号）
50	招标师*	民政部	《招标采购专业技术人员职业水平评价暂行规定》国人部发［2007］63号
51	经济	人事部	《经济专业技术资格考试暂行规定》（人职发［1993］1号）
52	会计	财政部	《会计专业技术资格考试暂行规定》（财会［2000］11号）
53	统计	统计局	《统计专业技术资格考试暂行规定》（国统字［1995］46号）
54	审计	审计署	《审计专业技术资格考试暂行规定》（审人发［1993］2号）
55	卫生	卫生部	《临床医学专业技术资格考试暂行规定》（卫人发［2000］264号）

续上表

序号	名　　称	主管部门	批　准　文
56	质量	人事部、国家质监局	人事部、国家质监局人发[2000]123号《关于印发〈质量专业技术人员职业资格考试暂行规定〉和〈质量专业技术人员职业资格考试实施办法〉的通知》
57	船舶	交通部、人事部	交通部、人事部关于印发《〈船舶专业技术资格考试暂行规定〉航运船舶实施办法》的通知(交人劳发[2002]20号)
58	国家商务	原人事部、对外贸易经济合作部	原人事部、对外贸易经济合作部关于印发《国家商务专业人员职业资格制度暂行规定》《国际商务专业人员资格考试实施办法》(人发[2002]70号)
59	计算机技术与软件	信息产业部	《计算机技术与软件专业技术资格(水平)考试暂行规定》(国人部发[2003]39号)
60	公发(刑侦技侦)	公安部	《关于在全国公安机关刑事科学技术、技术侦察队伍试行专业技术职业任职制度的通知》(国人部发[2004]67号)
61	安全(技侦)	国家安全部	《关于在国家安全机关技术侦察部门试行专业技术职位任职制度的通知》(国人部发[2004]67号)

注:本表职业资格名称后面带"*"的是水平类职业资格;本表中序号51~61的职业资格是与专业技术职务评聘的有关专业资格。

四、职称与岗位

关于印发《事业单位岗位设置管理试行办法》的通知(国人部发[2006]70号)规定,事业单位岗位分为管理岗位、专业技术岗位和工勤技能岗位三种类别。管理岗位指担负领导职责或管理任务的工作岗位。管理岗位的设置要适应增强单位运转效能、提高工作效率、提升管理水平的需要;专业技术岗位指从事专业技术工作,具有相应专业技术水平和能力要求的工作岗位。专业技术岗位的设置要符合专业技术工作的规律和特点,适应发展社会公益事业与提高专业水平的需要;工勤技能岗位指承担技能操作和维护、后勤保障、服务等职责的工作岗位。工勤技能岗位的设置要适应提高操作维护技能,提升服务水平的要求,满足单位业务工作的实际需要。鼓励事业单位后勤服务社会化,已经实现社会化服务的一般性劳务工作,不再设置相应的工勤技能岗位。

根据岗位性质、职责任务和任职条件,对事业单位管理岗位、专业技术岗位、工勤技能岗位分别划分通用的岗位等级。管理岗位分为10个等级,即1至10级职员岗位;专业技术岗位分为13个等级,包括高级岗位、中级岗位和初级岗位。高级岗位分7个等级,即1至7级;中级岗位分3个等级,即8至10级;初级岗位分3个等级,即11至13级;工勤技能岗位包括技术工岗位和普通工岗位,其中技术工岗位分为5个等级,即1至5级。普通工岗位不分等级。

五、中国科学院学部与院士

中国科学院学部成立于1955年,是国家在科学技术方面的最高咨询机构。负责对国家科学技术发展规划、计划和重大科学技术决策提供咨询,对国家经济建设和社会发展中的重大科学技术问题提出研究报告,对学科发展战略和中长期目标提出建议,对重要研究领域和研究机构的学术问题进行评议和指导。

中国科学院院士从全国最优秀的科学家中选出,每两年增选一次。全体院士大会是最高权力机构,其常设领导机构是学部主席团,由中国科学院院长担任学部主席团执行主席。现设有数学物理学部、化学部、生命科学和医学部、地学部、信息技术科学部和技术科学部六个学部。截至2011年,共有院士704人,其中数学物理学部136人、化学部120人、生命科学和医学学部123人、地学部116人、信息技术科学部81人、技术科学部128人。

学部成立后,组织学部委员参与制定了《十二年科学技术发展远景规划》。1986年,89位学部委员建议在中国科学院实行面向全国的自然科学基金,在此基础上成立了国家自然科学基金委员会。同年3月,王大珩、王淦昌、陈芳允、杨嘉墀4位学部委员上书党中央,建议加强中国高科技的研究和发展,形成了国家"863"计划。1993年,在王大珩、师昌绪、张光斗、张维、罗沛霖、侯祥麟等学部委员的倡议下,成立了中国工程院。1993年10月,经国务院批准,中国科学院学部委员改称中国科学院院士。

六、国务院政府津贴

1990年,党中央、国务院决定,给作出突出贡献的专家、学者、技术人员发放政府特殊津贴,这是党中央、国务院为加强和改进党的知识分子工作,关心和爱护广大专业技术人员而采取的一项重大举措。这对于进一步营造"尊重知识、尊重人才"的良好社会环境,加强高层次专业技术人才队伍建设发挥了重要作用。国务院政府特殊津贴是中华人民共和国国务院对于高层次专业技术人才和高技能人才的一种奖励制度,每两年评选一次,获得者被称为享受国务院特殊津贴专家。从1990年政府特殊津贴制度建立到2013年,共有16.6万多位作出过突出贡献的专业技术人员和高技能人员享受了政府特殊津贴。

第四节 公务员职务与级别

公务员是指依法履行公职、纳入国家行政编制、由国家财政负担工资福利的工作人员。根据《国家公务员暂行条例》,我国的国家公务员是指各级国家行政机关中除工勤人员以外的工作人员(包括国家行政机关中从事党团工作的专职工作人员,如人事部机关党委专职副书记等)。根据《中华人民共和国公务员法》的规定,我国公务员包括7大类:全国及各级人大常务委员会成员、政协成员、检察机关、民主党派中从事公务的人员、司法机关工作人员、共产党各级领导。

2005年4月27日,十届全国人大常委第十五次会议审议通过了《中华人民共和国公务员法》(以下简称《公务员法》),自2006年1月1日起施行该法。2006年,《〈中华人民共和国公务员法〉实施方案》(包括5个附件,其中附件3为《公务员职务与级别管理规定》)出台。

根据《公务员法》和《〈中华人民共和国公务员法〉实施方案》,我国公务员职位分类制度的内容如下:

第一,按照公务员职位的性质、特点和管理需要,横向把公务员职位划分为三个类别:综合管理类、专业技术类和行政执法类。综合管理类是指除专业技术类和行政执法类以外的公务员职位类别。专业技术类是指机关中承担专业技术职责,为实施公共管理提供直接的技术支持和保障的公务员职位类别。行政执法类是指在工商、税务、质检、环保等履行社会管理与市场监管职能的行政执法部门的基层单位的行政执法职位中设置的公务员职位类别。

第二,纵向设置两个类型的职务序列,也就是依据公务员是否担任领导责任,把公务员分为领导职务和非领导职务两个类型。公务员领导职务的职务层次包括十个领导职务层次,即国家级正职、国家级副职、省部级正职、省部级副职、厅局级正职、厅局级副职、县处级正职、县处级副职、乡科级正职、乡科级副职。非领导职务在厅局级以下设置,分为八个职务层次即巡视员、副巡视员、调研员、副调研员、主任科员、副主任科员、科员、办事员。

第三,我国的公务员既有职务,又有级别,公务员的职务对应相应的级别,职务和级别的关系是“一职数级,上下交叉”。根据《公务员职务与级别管理规定》,公务员级别由低至高依次为二十七级至一级。

公务员领导职务层次与级别的对应关系是:①国家级正职:一级;②国家级副职:四级至二级;③省部级正职:八级至四级;④省部级副职:十级至六级;⑤厅局级正职:十三级至八级;⑥厅局级副职:十五级至十级;⑦县处级正职:十八级至十二级;⑧县处级副职:二十级至十四级;⑨乡科级正职:二十二级至十六级;⑩乡科级副职:二十四级至十七级。

副部级机关内设机构、副省级市机关的司局级正职对应十五级至十级;司局级副职对应十八级至十二级。

综合管理类公务员非领导职务与级别的对应关系是:①巡视员:十三级至八级;②副巡视员:十五级至十级;③调研员:十八级至十二级;④副调研员:二十级至十四级;⑤主任科员:二十二级至十六级;⑥副主任科员:二十四级至十七级;⑦科员:二十六级至十八级;⑧办事员:二十七级至十九级(副部级机关内设机构、副省级市机关的巡视员对应十五级至十级;副巡视员对应十八级至十二级)。

《公务员法》颁布实施后,我国公务员职位分类制度改变了以往将公务员仅分为领导职务和非领导职务的单一管理模式,解决了公务员职业发展渠道过于单一的难题。但制度变迁需要一个完善改进的过程,我国的公务员职位分类制度也是如此。

第三章　社会保障体系

2006 年"社会保障"首次取代"下岗就业"问题，成为城市居民关注的首要社会问题。社会保障与商业保险完全不同，前者是社会福利保障体系，政府行为，不以赚钱为目的，而商业保险完全是商业行为，以赚钱为目的，是企业性质的。本书就我国现有的社会保障体系进行分项说明。

第一节　社会保障

一、社会保障制度的含义

社会保障制度是在经济体制改革过程中逐步建立起来的，原先的主要职能是解决国有企业下岗职工和离退休职工的生活保障问题，为国有经济战略性调整提供服务。这样发展起来的社会保障制度，重城市、轻农村，重职工(尤其是国有企业职工)、轻社会一般成员的特征明显。

社会保障制度是国家通过立法而制定的社会保险、救助、补贴等一系列制度的总称，是现代国家最重要的社会经济制度之一。它的主要作用在于保障全社会成员基本生存与生活需求，特别是保障公民在年老、疾病、伤残、失业、生育、死亡、遭遇灾害、面临生活困难时的特殊需要。由国家通过国民收入分配和再分配实现。由社会福利、社会保险、社会救助、社会优抚和安置等各项不同性质、作用和形式的社会保障制度构成整个社会保障体系。

社会保障制度得到贯彻实施包括以下几个方面：

(1)社会保险制度。指由国家依法建立的，使劳动者在年老、患病、伤残、生育和失业时，能够从社会获得物质帮助的制度。

(2)社会福利制度。广义上与社会保障同义，狭义上指由国家或社会在法律和政策范围内向全体公民普遍地提供资金帮助和优化服务的社会性制度。

(3)社会救济制度。指国家通过国民收入的再分配对因自然灾害或其他经济、社会原因而无法维持最低生活水平的社会成员给予救助，以保障其最低生活水平的制度。

(4)社会优抚制度。指国家依法定的形式和政府行为，对有特殊贡献的军人及其眷属实行的具有褒扬和有待赈恤性质的社会保障制度。

(5)社会互助制度。指民间组织对部分劳动者的帮助，主要是解决政府政策规定之外、没有很好解决但仍需获得外界帮助的实际困难。社会互助是社会救助的补充，是社会成员的基本权利。

(6)个人储蓄积累保障。是个人或家庭将部分资金存入银行的一种保障形式，是社会保障的一种有效而必要的补充。

二、社会保障制度的作用

社会保障的根本原则就是社会公平，社会保障是所有社会成员效用的最大化，著名经济学家 A. C. 庇古教授在《福利经济学》一书中指出："社会保障政策可以扩大一国的经济福利，因为穷人得到效用的增加要大于富人效用的损失，使社会总效用的增加。"它通过设计一种制度，使人们不因没有特权而受到伤害，不因分工所形成的社会地位而变得卑贱。其作用有 4 个方面。

1. 保障权利公平

公民享受教育、健康和最低生活保障的权利，在西方被统称为"福利权利"或"社会权利"，被视为对基本公民权的拓展，或社会公民权的一部分。联合国《人权宣言》中有关"福利条款"对这一权利进行了明确规定，如第 22 条："每个人，作为社会的一员，有权享受社会保障，并有权享受他的个人尊严和人格的自由发展所必需的经济、社会和文化方面各种权利的实现"。社会保障把保障每个人的生存权、发展权放在首位。享受了全民的社会保障，意味着基本生活得到了保证，从而在一个公平的起点上参与社会竞争。

2. 保障机会公平

机会公平是指任何社会成员只要符合法律规定的条件，都应被覆盖在社会保障范围内，均等地获得社会保障的机会。在中国，一些富人把穷人当作智力低下、不负责任甚至天生懒惰的人，这是不对的。中国穷人绝大多数勤劳、本分、责任心强，他们之所以受穷，在很大程度上是因为受到既得利益集团的阻挠，机会缺乏所致。社会保障制度可使他们中的悲观者前行，他们中的无力者有力，增强他们的机会，从而为他们创造一个尽可能公平竞争的起点。

3. 维护规则公平

规则公平指一视同仁，既不能对弱势群体歧视，又不能对特权阶层倾斜。通过社会保障机制，重点保护社会的极端贫困人口（即在绝对生存需求线下的群体）。因为和高收入群体相比，低收入阶层和弱势群体，从风险管理获得的保护也是最不完善的。这就意味着，不实施社会保障，他们可能落入所谓"贫困陷阱"之中，形成恶性循环。

4. 调节分配公平

当前，一些国有单位之所以效率低下，很大程度上与分配不公有关。分配公平提高效率，分配不公损害效率。那么，社会保障通过收入再分配的功能进行调节，可以在一定程度上减少差别，缓解社会矛盾，有利于社会稳定。

三、社会保障体系的内容

包括社会保险、社会福利、优抚安置、社会救助和住房保障。社会保险是社会保障体系的核心部分，包括养老保险、失业保险、医疗保险、工伤保险和生育保险。

第二节　我国现有的社会保障

一、城镇职工跨省流动养老保障

根据国务院办公厅刚刚公布的《城镇企业职工基本养老保险关系转移接续暂行办法》（下称暂行办法），城镇职工跨省流动就业时只需 45 天即可办理完成养老保险转移接续手续。

暂行办法规定，参保人员在新就业地按规定建立基本养老保险关系和缴费后，由用人单位或参保人员向新参保地社保经办机构提出基本养老保险关系转移接续的书面申请。

新参保地社保经办机构在15个工作日内,审核转移接续申请,对符合本办法规定条件的,向参保人员原基本养老保险关系所在地的社保经办机构发出同意接收函,并提供相关信息;对不符合转移接续条件的,向申请单位或参保人员作出书面说明。

原基本养老保险关系所在地社保经办机构在接到同意接收函的15个工作日内,办理好转移接续的各项手续。

新参保地社保经办机构在收到参保人员原基本养老保险关系所在地社保经办机构转移的基本养老保险关系和资金后,应在15个工作日内办结有关手续,并将确认情况及时通知用人单位或参保人员。

从上述规定可以简单推算出,转移养老保险关系需要走3个流程,新参保地审核转移接续申请并向原参保地发出同意接受函——原参保地办理转移手续——新参保地接受转移手续和资金,3个流程走完之后即可办妥转移接续手续,政策规定每个流程最多15天,也就说对于参保者来说,最多45天就可以将全部手续办完。

这次政策特别强调参保者的便利性,从制度设计也可以看出,参保者所要做的就是向新参保地社保经办机构提出基本养老保险关系转移接续的书面申请,其他所有的后台工作均由新旧参保地的社会经办机构来完成。

在参保人员流动就业时,养老保险关系采取个人账户和统筹基金双转移的模式。

二、我国农村社会保障体系

新中国成立60年来,农村社会保障制度建设在顺利地向前推进。老有所养,病有所医是人民最关心、最直接、最现实的利益问题,也是政府孜孜以求的目标。

1. 养老保障

养老保障采取家庭保障与社会养老保障相结合的模式。2012年年末全国参加农村养老保险人数为5595万人,比上年末增加424万人。全年共有512万农民领取了养老金,比上年增加120万人。全年共支付养老金56.8亿元,比上年增加了42%。年末农村养老保险基金累计结存499亿元。年末有27个省份的1201个县市开展了被征地农民社会保障工作,将1324万被征地农民纳入基本生活或养老保障制度。

2. 医疗保障

医疗保障宜建立大病费用统筹的新型医疗制度。在农村,社会养老保险制度正在积极探索,新型农村医疗改革试点也在加快推进。卫生部报告:2011年,全国参加新农合人数为8.32亿人,参合率超过96%,各级财政对新农合的补助标准从每人每年120元提高到200元,有效增加了新农合基金规模,提高了支付能力。

新农合政策范围内的住院费用报销比例从60%提高到70%左右,最高支付限额从3万元提高到不低于5万元,各地还将普遍开展新农合门诊统筹,农民门诊就医也可按比例报销。

3. 生活保障

生活保障可仿照城市建立农村最低生活保障制度。国家出台了《关于在全国建立农村最低生活保障制度的通知》(国发[2007]19号),由地方政府为家庭人均纯收入低于当地最低生活保障标准的农村贫困群众,按最低生活保障标准,提供维持其基本生活的物质帮助。

该制度是在农村特困群众定期定量生活救济制度的基础上逐步发展和完善的一项规范化的社会救助制度。

三、公务员及事业单位社会保障

1. 医疗保障

参加基本医疗保险的符合原享受公费医疗范围的单位及其职工和退休人员可以享受公务员医疗补助。省劳动保障厅和省财政厅共同负责省级单位公务员医疗补助的管理工作,省级医疗保险服务中心负责省级单位公务员医疗补助的经办业务。省地方税务、卫生等部门按照各自的职责,协同做好省级单位公务员医疗补助的管理工作。

公务员医保同时享受两种,一种为社会医保,另一种为省保。具体保险金额会根据职业、地区不同来分类。个人缴纳30%左右,单位缴纳60%左右。

公务员医保比普通城镇人口医保报销程度高,同等缴纳公务员医保比普通城镇人口医保划入个人账户的资金多。

公务员医疗补助适用范围:

(1)符合《国家公务员暂行条例》和《国家公务员制度实施方案》规定的国家行政机关工作人员和退休人员。

(2)经批准列入依照国家公务员制度管理的事业单位工作人员和退休人员。

(3)列入参照国家公务员制度管理的党群机关、人大、政协机关,各民主党派和工商联机关以及经批准列入参照国家公务员管理的其他单位机关工作人员和退休人员。

(4)审判机关、检察机关的工作人员和退休人员。

2. 住房公积金

关于如何缴存问题,根据《住房公积金管理条例》第十五条规定,单位录用职工的,应当自录用之日起30日内到住房公积金管理中心办理缴存登记,并持住房公积金管理中心的审核文件,到受委托银行办理职工住房公积金账户的设立或者转移手续。就个人和单位如何缴存的问题,第十六条规定职工住房公积金的月缴存额为职工本人上一年度月平均工资乘以职工住房公积金缴存比例。单位为职工缴存的住房公积金的月缴存额为职工本人上一年度月平均工资乘以单位住房公积金缴存比例。

一般来说,个人缴存比例和单位缴存比例相同,也就是我们常说的个人和单位按1:1缴存。关于缴存基数,第十七条规定,新参加工作的职工从参加工作的第二个月开始缴存住房公积金,月缴存额为职工本人当月工资乘以职工住房公积金缴存比例。单位新调入的职工从调入单位发放工资之日起缴存住房公积金,月缴存额为职工本人当月工资乘以职工住房公积金缴存比例。关于缴存比例,第十八条规定,职工和单位住房公积金的缴存比例均不得低于职工上一年度月平均工资的5%;有条件的城市,可以适当提高缴存比例。具体缴存比例由住房公积金管理委员会拟订,经本级人民政府审核后,报省、自治区、直辖市人民政府批准。过去一般是5%~13%,一般在8%左右。但现在比例都有所提高,例如,天津市提高到9%,最高不超过15%。

3. 养老保险

人力资源和社会保障部、发展改革委、民政部、财政部、卫生部、社保基金会联合制定的《社会保障"十二五"规划纲要》指出,"十二五"时期,将研究制定公务员和参照公务员法管理单位的工作人员养老保险办法。

“十二五”时期,是实现全面建设小康社会的关键时期,是加快经济发展方式转变、保持经济平稳较快发展的攻坚时期,也是社会保障领域深化改革和在关键环节上实现突破的重要时期。

纲要指出,中国未来5年社会保障事业发展的主要目标是:“社会保障制度基本完备,体系比较健全,覆盖范围进一步扩大,保障水平稳步提高,历史遗留问题基本得到解决,为全面建设小康社会提供水平适度、持续稳定的社会保障网。”

其中,关于制度建设,纲要指出,各项保障制度基本完备。机关事业单位养老保险制度改革稳步推进,已有各项保障制度不断完善。城乡统筹取得积极进展,多层次保障体系进一步完善。

根据纲要,“十二五”时期社会保障制度建设专项行动包括:实现新农保制度全覆盖;建立并全面实施城镇居民社会养老保险制度;推进事业单位养老保险制度改革;研究制定公务员和参照公务员法管理单位的工作人员养老保险办法;建立基本养老保险参保人遗属待遇制度;建立基本养老保险参保人病残津贴制度;制定实施失业保险人员领取失业保险金期间继续参加职工基本医疗保险政策;建立工伤预防制度;完善行业工伤保险费率政策标准和企业浮动费率机制。

4. 失业保障

我国过去的国家公务员社会保障,其资金全部由国家负担,没有形成基金积累,造成了许多遗留问题。随着国家公务员社会保障制度的改革和完善,国家公务员失业保障制度也应适应发展社会主义市场经济和深化经济体制和政治体制改革的要求。失业保险基金应由国家和个人共同合理负担,以国家负担为主,这样既可以增加资金来源,减少国家部分财政支出,又可以增强国家公务员的失业保险意识,并进而促使国家公务员珍惜工作机会,激发其工作热情。

失业保险,可以说是社会救助的一种形式。失业保险待遇项目及水平的确定,同国家社会生产力发展的真实情况和经济发展的水平有直接关系。在我国这样一个发展中国家建立国家公务员失业保险制度,失业保险待遇水平应按照低于国家公务员最低工资,略高于社会救济金发放标准的原则确定。考虑到国家公务员与其他行业之间社会保障水平的差异,应使国家公务员的失业保险待遇水平略高于其他行业人员,以利于吸引社会上真正优秀人才,稳定和优化国家公务员队伍。

建立有中国特色的国家公务员失业保险制度必须紧紧地同正在健全完善的国家公务员社会保障制度和全社会的保障制度相协调,应做到凡能由全社会保障制度相包容的部分,尽量适用全社会统一的保障制度的规定,以利于国家公务员失业保险制度进一步向社会化发展。

5. 工伤保险

根据《公务员法》,国家建立公务员保险制度,保障公务员在退休、患病、工伤、生育、失业等情况下获得帮助和补偿。公务员因公致残的,享受国家规定的伤残待遇。公务员因公牺牲、因公死亡或者病故的,其亲属享受国家规定的抚恤和优待。

四、企业人员社会保障

1. 养老保障

从2010年“养老保险”首次成为关注热词排行第一,到2013年2月,有关社会保障的话题已经连续4年独占鳌头，成为社会公众对两会议题中最为关注的内容。各级财政积极筹措资金，努力按时足额支付基础养老金。3年来各级财政共拨付两项养老保险补助资金超过1700亿元。目前全国有1.24亿城乡居民领取基础养老金，养老保险制度运行平稳。企业退休人员基本养老金从2004年人均700元/月提高到2012年人均1721元/月。

企业人员按照国家政策享受基本养老保障。为了切实保障参加城镇企业职工基本养老保险人员的合法权益，促进人力资源合理配置和有序流动，保证参保人员跨省、自治区、直辖市流动并在城镇就业时基本养老保险关系的顺畅转移接续，《国务院办公厅关于转发人力资源和社会保障部财政部城镇企业职工基本养老保险关系转移接续暂行办法的通知》（国办发[2009]66号）规定，参保人员跨省流动就业的，由原参保所在地社会保险经办机构开具参保缴费凭证，其基本养老保险关系应随同转移到新参保地。参保人员达到基本养老保险待遇领取条件的，其在各地的参保缴费年限合并计算，个人账户储存额（含本息，下同）累计计算；未达到待遇领取年龄前，不得终止基本养老保险关系并办理退保手续。其中出国定居和到香港、澳门、台湾地区定居的，按国家有关规定执行。这一条为流动就业的劳动者提供了保障。参保人员转移接续基本养老保险关系后，符合待遇领取条件的，按照《国务院关于完善企业职工基本养老保险制度的决定》（国发[2005]38号）的规定，以本人各年度缴费工资、缴费年限和待遇领取地对应的各年度在岗职工平均工资计算其基本养老金。

《人力资源和社会保障部办公厅关于进一步贯彻落实国务院开展厂办大集体改革工作指导意见的通知》（人社厅发[2013]35号）中，针对厂办大集体改革中职工安置、劳动关系处理和各项社会保险关系接续等相关政策给予了明确规定，厂办大集体与职工解除劳动关系后，要按规定接续各项社会保险关系，符合条件的，享受相应的社会保险待遇。对于已按统一政策参加了企业职工基本养老保险的厂办大集体职工，要结合本地实际，采取补缴、核销等多种措施，妥善解决他们的养老保障问题。其中，依法实施关闭、破产的厂办大集体确实无法通过资产变现补缴的基本养老保险欠费，除企业缴费中应划入职工养老保险个人账户部分外，持依法关闭、破产手续报经社会保险经办机构同意后，经人力资源和社会保障部门审核，财政部门复核，报省级人民政府批准后可以核销，或采取其他办法妥善解决。要严格掌握核销的范围、界定条件及核销程序，确保基金安全和应收尽收，并妥善解决资金来源问题。对于未参加基本养老保险的厂办大集体职工和退休人员，要按照《人力资源和社会保障部财政部关于解决未参保集体企业退休人员基本养老保障等遗留问题的意见》（人社部发[2010]107号）精神，结合当地实际，及时将他们纳入基本养老保障范围。

2012年年末全国参加城镇基本养老保险人数为21891万人，比上年末增加1754万人。其中，参保职工16587万人，参保离退休人员5304万人，分别比上年末增加1404万人和350万人。年末参加基本养老保险的农民工人数为2416万人，比上年末增加570万人。年末企业参加基本养老保险人数为19951万人，比上年末增加1716万人。

2. 医疗保险

医疗保险是为补偿疾病所带来的医疗费用的一种保险。职工因疾病、负伤、生育时，由社会或企业提供必要的医疗保险和医疗服务或物质帮助的社会保险。由国家、单位和个人共同负担，以减轻企业负担。是企业职工在生病或受到伤害后，由国家或社会给予的一种物质帮助，即提供医疗服务或经济补偿的一种社会保障制度。

《人力资源和社会保障部办公厅关于进一步贯彻落实国务院开展厂办大集体改革工作指导意见的通知》（人社厅发[2013]35号）中，对于厂办大集体职工的医疗保障问题，要求通过促进其实现再就业，参加职工基本医疗保险，以灵活就业等形式再就业的，可以个人身份参加职工基本医疗保险，确有困难的，可以参加城镇居民基本医疗保险。

失业人员职工基本医疗保险。2012年在认真总结《关于领取失业保险金人员参加职工医疗保险有关问题的通知》(人社部发[2011]77号)执行以来的工作情况，在分析问题，有针对性地采取措施，确保失业人员享受医疗保险待遇的合法权益方面做了大量的工作。

在企业实施关闭破产时，要严格按照《企业破产法》相关规定，通过企业破产偿付退休人员参保所需费用。市级财政对困难县(市、区)应给予帮助和支持。对地方依法破产国有企业退休人员参加城镇职工基本医疗保险，中央和省财政按照"奖补结合"原则给予一次性补助。

2012年年末全国参加城镇基本医疗保险人数为31822万人，比上年末增加9511万人。其中，参加城镇职工基本医疗保险人数19996万人，比上年末增加1976万人；参加城镇居民基本医疗保险人数为11826万人，比上年末增加7535万人。在职工基本医疗保险参保人数中，参保职工14988万人，参保退休人员5008万人，分别比上年末增加1568万人和408万人。年末参加医疗保险的农民工人数为4266万人，比上年末增加1135万人。全年城镇基本医疗保险基金总收入3040亿元，支出2084亿元，分别比上年增长34.7%和33.4%。年末城镇基本医疗保险基金累计结存3432亿元，其中统筹基金结存2290亿元，个人账户积累1142亿元。

3. 工伤保险

《工伤保险条例》自2004年1月施行以来，对于维护工伤职工合法权益，分散用人单位工伤风险，规范和推进工伤保险工作，发挥了积极作用。《中华人民共和国社会保险法》已由中华人民共和国第十一届全国人民代表大会常务委员会第十七次会议于2010年10月28日通过，自2011年7月1日起施行。《社会保险法》对工伤保险制度作出新的规定。为了做好与《社会保险法》中有关工伤保险内容的衔接工作，也为了解决实践中存在的一些工伤保险问题，国务院对《工伤保险条例》进行了修改。2011年修订施行的《工伤保险条例》从切实维护职工合法权益出发，在完善工伤保险制度方面，增加了很多内容。适用范围由各类企业、有雇工的个体工商户及其职工扩大至企业、事业单位、社会团体、民办非企业单位、基金会、律师事务所、会计师事务所等组织和有雇工的个体工商户及其职工。

2012年年底全国参加工伤保险人数为13787万人，比上年末增加1614万人。其中，参加工伤保险的农民工人数为4942万人，比上年末增加962万人。全年认定工伤95万人，比上年增加19万人；全年评定伤残等级人数为38万人，比上年增加2万人；全年享受工伤保险待遇人数为118万人，比上年增加22万人。全年工伤保险基金收入217亿元，支出127亿元，分别比上年增长30.9%和44.4%。2012年年底工伤保险基金累计结存335亿元，储备金结存50亿元。

4. 生育保险

生育保险是国家通过社会保险立法，对怀孕、分娩女职工给予生活保障和物质帮助的一项社会政策。其宗旨在于通过向生育女职工提供生育津贴、产假以及医疗服务等方面的待遇，保障她们因生育而暂时丧失劳动能力时的基本经济收入和医疗保健，帮助生育女职工恢复劳动能力，重返工作岗位，从而体现国家和社会对妇女在这一特殊时期给予的支持和爱护。

目前，我国生育保险的现状是实行两种制度并存：

（1）由女职工所在单位负担生育女职工的产假工资和生育医疗费。根据国务院《女职工劳动保护规定》以及劳动部《关于女职工生育待遇若干问题的通知》，女职工怀孕期间的检查费、接生费、手术费、住院费和药费由所在单位负担。产假期间工资照发。

（2）生育社会保险。根据劳动部《企业职工生育保险试行办法》规定，参加生育保险社会统筹的用人单位，应向当地社会保险经办机构缴纳生育保险费。生育保险费的缴费比例由当地人民政府根据计划内生育女职工的生育津贴、生育医疗费支出情况等确定，最高不得超过工资总额的1%，职工个人不缴费。参保单位女职工生育或流产后，其生育津贴和生育医疗费由生育保险基金支付。生育津贴按照本企业上年度职工月平均工资计发；生育医疗费包括女职工生育或流产的检查费、接生费、手术费、住院费和药费（超出规定的医疗服务费和药费由职工个人负担）以及女职工生育出院后，因生育引起疾病的医疗费。

2012年年末全国参加生育保险人数为9254万人，比上年末增加1479万人。全年共有140万人次享受了生育保险待遇，比上年增加27万人次。全年生育保险基金收入114亿元，支出71亿元，分别比上年增长36.0%和28.6%。年末生育保险基金累计结存168亿元。

5. 失业保险

国家加大了对失业群体的保障力度，制定了《失业保险条例》并根据国情不断完善修订，以完善失业保险制度为重点，加强失业保险扩面征缴，进一步提高基金统筹层次和管理服务水平，积极推进失业动态监测和失业预警试点工作，充分发挥失业保险保障生活、预防失业、促进就业三位一体功能作用，推动失业保险制度建设和事业发展稳步推进。

完善失业保险金标准与物价上涨挂钩联动机制。根据物价上涨、最低工资标准调整情况，及时调整失业保险金水平，有效保障失业人员基本生活。

《2012年失业保险工作要点》（人社失业司便函［2012］1号）的通知中规定，对符合条件的失业人员，按时足额发放失业保险金，及时提供职业培训、职业介绍等再就业服务。

2012年年末全国参加失业保险人数为12400万人，比上年末增加755万人。其中，参加失业保险的农民工人数为1549万人，比上年末增加399万人。年末全国领取失业保险金人数为261万人，比上年末减少25万人。2012年共为93万名劳动合同期满为续订或提前解除劳动合同的农民工支付了一次性生活补助。2012年失业保险基金收入585亿元，支出254亿元，分别比上年增长24%和16.5%。年末失业保险基金累计结存1310亿元。

6. 住房公积金

住房公积金是单位及其在职职工缴存的长期住房储金，是住房分配货币化、社会化和法制化的主要形式。住房公积金制度是国家法律规定的重要的住房社会保障制度，具有强制性、互助性、保障性。单位和职工个人必须依法履行缴存住房公积金的义务。职工个人缴存的住房公积金以及单位为其缴存的住房公积金，实行专户存储，归职工个人所有。这里的单位包括国家机关、国有企业、城镇集体企业、外商投资企业、城镇私营企业及其他城镇企业、事业单位、民办非企业单位、社会团体。我国1999年颁布、2002年修订的《住房公积金管理条例》指出，住房公积金是指国家机关、国有企业、城镇集体企业、外商投资企业、城镇私营企业及其他城镇企业、事业单位及其在职职工缴存的长期住房储备金。

五、军人退役养老保险

军人入伍前已经参加职工基本养老保险的，其基本养老保险关系和相应资金不转移到军队,由原参保地社会保险经办机构开具参保缴费凭证交给本人,并保存其全部参保缴费记录,个人账户储存额继续按规定计息。军人退出现役后继续参加职工基本养老保险的,由本人持原参保地社会保险经办机构开具的参保缴费凭证,按照国家规定办理基本养老保险关系转移接续手续。军人退出现役采取退休、供养方式安置的,经本人申请,由原参保地社会保险经办机构依据军人所在团级以上单位出具的《军人退休(供养)证明》和参保缴费凭证等相关手续,退还个人账户储存额,终止基本养老保险关系。

依据人力资源和社会保障部、财政部、总参谋部、总政治部、总后勤部联合下发《关于军人退役养老保险关系转移接续有关问题的通知》(后财[2012]547 号)文件,国家给予退役养老保险补助的前提条件是军人退出现役并参加基本养老保险。军人退役养老保险补助由军人所在单位后勤(联勤、保障)机关财务部门在军人退出现役时一次算清。军官、文职干部和士官,按本人服现役期间各年度月工资 20% 的总和计算;义务兵和供给制学员,按本人退出现役时当年下士月工资起点标准的 20% 乘以服现役月数计算。其中,12% 作为单位缴费,8% 作为个人缴费。

以下 4 类军人退出现役按其他规定享受养老待遇,国家不给予退役养老保险补助:

(1)军人退出现役到机关事业单位的,其养老保险办法按照国家有关规定执行。

(2)军官、文职干部退出现役自主择业的,由安置地政府逐月发给退役金。

(3)军人退出现役采取退休方式安置的,实行退休金保障制度。

(4)退出现役的 1 ~4 级残疾军人,由国家供养终身,其生活保障按照国家有关规定执行。

退役养老保险补助并不直接发给个人,而是转移到地方负责职工基本养老保险的社会保险经办机构。其中,单位缴费部分记入职工基本养老保险统筹基金,个人缴费部分记入个人账户。

六、城镇居民社会保障

2003 年 1 月 1 日起,部分省市新型农村合作医疗和城镇居民医疗保障制度并轨,原新型农村合作医疗卡和城镇居民医疗保障卡停止使用,统一启用"中华人民共和国社会保障卡",采用全国统一标准,社会保障号码采用公民身份证号码。市民人手一张社保卡,看病就医、领取养老金、失业登记等,实现"一卡通"。此外,凭社保卡还可以异地就医、转移社保关系等,实现"全国通"。

1. 社会养老保险

2009 年开始,所有未参保的城镇居民都可以参加社会养老保险。只要达到就业年龄(年满 18 周岁)、有经济承受能力的城镇居民,均可自愿参加社会养老保险。参保人员中需要往以前年度追补缴费的,只能以参保时上一年度全省在岗职工月平均工资为基数,而不是以各年度的全省在岗职工月平均工资作为基数,对于原来已参保人员来说体现了公平合理。有单位的未参保人员,由单位提出书面参保补缴申请,或者人民法院、劳动保障监察机构、劳动争议仲裁依法做出的生效法律文书确认,按属地管理原则,经当地县级社保部门确认后可办理参保手续。未参保的城镇灵活就业人员,由本人自愿提出书面参保补缴申请,按属地管理原则,经当地县级社保部门确认后可办理参保手续。

2012 年城镇基本养老保险基金总收入 9740 亿元,比上年增长 24.3%,其中征缴收入 8016 亿元,比上年增长 23.4%。各级财政补贴基本养老保险基金 1437 亿元。全年基金总支出7390亿元,比上年增长23.9%。年末基本养老保险基金累计结存9931亿元。

2. 医疗保险

城镇居民医疗保险的资金主要来源于城镇居民缴纳的医疗保险费,其报销额度也有起付标准和封顶标准的规定,各省市规定的标准各不相同。

尚未参加城镇职工基本医疗保险或尚未参加公费医疗的达到退休年龄的老年人;尚未参加城镇职工基本医疗保险或公费医疗的学生;尚未参加城镇职工基本医疗保险或公费医疗无业人员,均可参加城镇职工基本医疗保险和公费医疗。目前,许多城市将原来针对大学生实施的公费医疗保险改变为城镇居民医疗保险。城镇居民医疗保险将原来不提供保障的学龄前儿童、中小学生、大学生及研究生纳入到城镇居民医疗保险的保障范围。

城镇居民基本医疗保险试点遵循的四个原则:

(1)低水平起步。随着经济发展和群众收入水平的提高,可以逐步提高筹资水平、保障标准和财政补助标准;

(2)坚持群众自愿原则。不搞强制,而是在制度设计上注重政策的吸引力,引导群众参保,并鼓励连续缴费;

(3)明确中央和地方政府责任;

(4)坚持统筹协调。要统筹考虑各种保障制度和政策的衔接,地区之间的平衡,新制度的出台对其他人群的影响,以及医疗保障体制和医疗卫生体制的配套改革。

3. 城镇居民最低生活保障

为贫困家庭发放家庭最低生活保障金。为低收入和无收入阶层提供廉租房和公租房,公租房即公共租赁房,是解决新就业的职工等一些夹心层群体住房困难的产品,住房不归个人所有而是归政府和公共的机构所有,用低于市场价或者是承租者承受的价格向新就业职工出租的。廉租房指政府以租金补贴或者实物配租的方式向符合城镇居民最低生活保障标准而且住房非常困难的家庭提供社会保障性质的福利住房。廉租房的分配形式主要是以租金的补贴为主,实物配租和租金减免为辅。

2009年下半年在全国部分县市启动新农保试点,2010年扩大试点面,2011年开展第三批试点,并部署了城镇居民社会养老保险试点。通过积极稳妥的试点,发现问题,解决问题,积累经验。2012年7月份开始在全国全面稳步推开两项保险制度。

温家宝总理在全国新型农村和城镇居民社会养老保险工作总结表彰大会上的讲话中谈到:"城乡居民参保人数不断增加。截至2012年9月底,全国城乡居民两项养老保险的参保人数达到4.49亿人,加上企业职工养老保险,总计覆盖人数超过7亿人。我们已建立了世界上最大的社会养老保险体系"。"养老保险制度运行平稳。各级财政积极筹措资金,努力按时足额支付基础养老金。三年来各级财政共拨付两项养老保险补助资金超过1700亿元。目前全国有1.24亿城乡居民领取基础养老金"。

七、我国对自主创业人员的政策扶持

1. 自主创业的优惠政策

我国对自主创业大学生提供优惠政策,高校毕业生从毕业年度起三年内自主创业,可享受税收减免的优惠政策。在《关于支持和促进就业有关税收政策的通知》中有了明确规定,毕业年度内高校毕业生在校期间凭学校出具的相关证明,经学校所在地省级教育行政部门核实认定,取得《高校毕业生自主创业证》(仅在毕业年度适用),并向创业地公共就业服务机构申请取得《就业失业登记证》。高校毕业生离校后直接向创业地公共就业服务机构申领《就业失业登记证》。对持《就业失业登记证》(注明"自主创业税收政策"或附着《高校毕业生自主创业证》)人员从事个体经营(除建筑业、娱乐业以及销售不动产、转让土地使用权、广告业、房屋中介、桑拿、按摩、网吧、氧吧外)的,在3年内按每户每年8000元为限额依次扣减其当年实际应缴纳的营业税、城市维护建设税、教育费附加和个人所得税。这是我国首次对大学生自主创业出台税收优惠政策,填补了我国大学生创业扶持政策的空白。

2. 自主创业的条件

大学生创业是创业大潮中一股新的力量。随着就业压力的增大,大学生创业已成为社会关心的热门话题,用人单位大多希望有几年工作经验的"成手",越来越多的大学生则选择了自主创业这一条路,选择自主创业既可以为自己寻找出路,又是为社会减轻就业压力。

大学生创业所面临的条件,总结起来主要有政策条件、资金条件、人际关系条件、自身素质条件等。创业者充分利用这些条件,是创业者打开创业局面,顺利进入创业角色的基础。

(1)政策条件。

近年来,为支持大学生创业,国家和各级政府出台了许多优惠政策,涉及融资、税收、创业培训、创业指导等诸多方面。了解这些优惠政策,会让打算创业的大学生感受到国家和政府的大力支持,更加坚定创业的决心,走好创业的第一步。

(2)资金条件。

创业资金是大学生创业不可缺少的重要条件之一,创业资金包含自有资金、私人借款、合作经营、银行贷款、风险投资等,其中银行贷款是目前国家鼓励自主创业的重要资金渠道,部分省份出台了对创业者办理贷款的担保政策,大学生创业可充分利用这些政策。

(3)人际关系条件。

在市场经济条件下,搞好人际关系,对创业者顺利完成创业活动会起到积极的促进作用。所谓的人际关系条件主要是指创业者在自己工作、学习以及生活的空间内,通过交往而逐步形成的相对稳定的联系,对创业者从事创业活动有促进和影响的各种有利条件。人具有社会属性和自然属性,其社会属性主要通过人的社会行为体现出来,具体表现在个体的人在衣食住行等方面都不可能脱离这个社会群体,总要直接或间接地与他人发生联系。这样,创业者会在自己的生活范围内逐步形成一个相对稳定的关系网络。这个网络对于创业者来说,是一笔不可多得的财富。同时,作为创业者还要学会充分利用和调动这些有利因素,使其能最大限度地为创业活动提供援助。

(4)自身素质条件。

创业者的自身素质条件决定了创业者的创业活动性质和经营范围,也决定了创业者最终能否获得成功。创业者自身素质应包括其文化素质、身体素质和心理素质等智力因素和非智力因素。非智力因素对创业者来说很重要,创业者要注重自己的性格、人品和心理健康等情况,出现意志薄弱或品质卑劣、心理不健康等问题,都很难创业成功。所以具备和拥有良好的心态非常关键。

①要积极主动,对人对事始终保持一种积极主动的态度,这种积极首先应表现在头脑上,既要积极思考,主动表达自己的愿望和看法,又要积极提问,善于与人沟通交流;

②积极主动地行动,实现想法。做到自信坚持,任何时候都要有信心,美国前总统里根在《成功》杂志上发表文章说:"创业者若能抱着无比的信心,就可以缔造一个美好的未来",

在遇到困难时，要坚信办法总比困难多，要坚持前进；

③学会自我激励，每个人都有各种情感，要创业就要学会控制、调整自己的情绪，学会自我激励。对大学生创业者而言，还应进一步学会调整自我情绪，决不能以自我情绪影响或取代组织氛围；

④具备学习能力，这是大学生创业者所应具备的核心能力。它不仅指书本的学习能力，更重要的是指在社会生活中对人和事的感知、领悟、转化、提高的能力；

⑤训练自身的规划能力，大学生创业者在有了明确的目标后，就要有一个好的规划，制订出一个可执行的方案；

⑥有行动能力，无论再好的思想、再完整的方案，都要执行才能看到结果。因此，对大学生创业者来说，执行能力是最关键的能力之一；

⑦有感知能力，大学生创业必须具备良好的商业感知能力，这必须通过大量的思考、分析和实践的积累来获得。因此，大学生日常应立足专业，积极参加社会实践，多了解专业以外的知识，例如财经、商业资讯，多分析研究商业案例。

除此以外，创业者还要有扎实的专业知识、企业管理知识，了解创办企业的政策法规。自主创业需要各方面的知识积累，还需要社会经验和处理人际关系的能力，以及良好的心理承受能力和风险意识。

八、推进社会保障体系建设的思考

回顾2007年，党的十七大要求“加快建立覆盖城乡居民的社会保障体系，保障人民基本生活”。我国社会保障制度进入了以政府基本公共服务均等化为主线的全面覆盖、加快发展的新阶段。2007年，我国开始城镇居民基本医疗保险试点，“一老一小”有了医疗保障。随着居民医保的迅速推开以及新农合和城乡居民医疗救助在全国普遍实施，我国从制度上实现了基本医疗保险对城乡居民的全面覆盖。

2009年，新农保试点启动，我国农民在60岁后首次享受到国家普惠式的养老保障。同年，各地区全部建立了职工养老保险省级统筹制度。

2010年，《中华人民共和国社会保险法》颁布，国务院修订了《工伤保险条例》。社会保障领域的法律法规更加完善。同年，实施了职工养老保险转移接续办法，社会保险关系首次实现了跨省区的顺畅转续。2011年，城镇居民养老保险试点启动，填补了养老保险制度最后的空白。2012年，国家提出了新农保、城镇居民养老保险到年底实现制度全覆盖的目标。在全国范围内建立的这两项制度，标志着我国覆盖城乡居民社会保障体系的主要制度的全面建立。

尽管国家出台了很多政策，采取了积极的办法，但社会保障与劳动者之间的需求依旧存在很大的差距。在社会保险制度中，覆盖面最大的是基本养老保险制度，但参加该制度的在职职工加上机关事业单位职工还不到2亿人，目前近2.8亿城镇从业人员，养老保险的覆盖面只有70%；4.2亿第二产业和第三产业从业人员，养老保险的覆盖面只有45%；7.6亿全社会从业人员，养老保险的覆盖面只有25%左右。另外，占中国劳动力绝大多数的农民工、乡镇企业工人和农民却几乎与社会保障制度无缘。国家社保基金的供给严重向城市倾斜，占35%的城市人口得到近80%的社保基金。在养老保障方面，根据中国老龄研究中心对全国城乡老年人口抽样调查的数据，城市老年人的养老保险覆盖率达到70%以上，而农村老年人的覆盖率不到4%。如果考虑到部分农村享受养老保险的居民实际上是将原来在城镇就业时获得的养老保险带回农村的情况，养老保险在真正农民中的覆盖比率可能更低。社会保障待遇差别也大。不同行业、企业职工之间的收入与离退休待遇差别拉大，机关事业单位离退休职工待遇约是企业职工的 1 倍多。为此，人力资源和社会保障部正在推进城乡居民基本养老保险制度的整合，一些省份已经把这两项制度合并实施，在制度上体现了城乡居民的公平性，打破城乡制度的二元差异。做好制度之间的衔接，保障劳动者在不同的制度之间转移养老保险，使他们的权益能够得到保障。

在城镇居民医保等工作中，全面推进基层平台建设。在基层劳动和社会保障机构建设中，要有医疗保障工作责任，按照机构人员、场地、经费、制度、工作“六到位”要求，进一步加强医疗保障服务建设。在村（社区）建立医疗保障服务站，梳理医疗保障工作各项管理和服务职能，确保医疗保障管理与服务职能的下延。加强医疗保障队伍建设，加强执法力量，壮大执法队伍，改善仲裁员和监察员的队伍结构，提高执法人员的政治和业务素质，不断提升医疗保障执法功能的社会公信度，促其医疗保障执法监察职能的下延，有条件的在县设立监察机构，街道配备兼职检查员。转变基层政府管理服务职能。政府作为医疗保障强大后盾，资金上要保证应急机制的运转，政策上是群众的靠山，在工作服务中要转变职能，将城镇居民列为重点服务对象之一，对社区内居住的各类群体一视同仁、平等相待。根据当地居民居住特点，加强和改善对城镇居民的公共服务和社会管理，为城镇居民的生活与劳动创造有利条件，促进社会安定，为老弱病残、改制并轨企业弱势群体提供基本保障。

我国的社会保障事业发展迅速，尤其是《社会保险法》颁布实施后，社会保险覆盖面和征缴量不断扩大，管理和服务水平不断提高。但从现实来看，仍然存在社保服务能力不足的问题。诸如“小马拉大车”，人员不足，知识结构欠合理；保费不能一票征收，部门协调性差，应对能力不足；参保人信息披露不够，方便及时准确还有差距；管理体制不顺、运行效率不高，信息系统不兼容等问题，急需通过加强社保服务能力建设来逐步逐项完善。如何全面加强社保服务能力建设，需要我们努力实践，探索更完善的途径。

第四章　我国教育现状

改革开放以来，我国教育发展可划分为4个大的历史时期。改革酝酿与教育事业恢复发展时期（1978—1984）、教育改革起步与教育事业稳步发展时期（1985—1992）、教育改革全面展开与教育事业快速发展时期（1993—1998）、教育改革持续深入与教育质量全面提升时期（1999—2008）。30多年以来，我国在教育思想、战略规划、教育结构、教育体制、人才培养模式等方面发生了根本性的变革。面向现代化、面向世界、面向未来，形成了中国特色教育体系的基本框架和发展模式表4-1是我国各级各类全日制学生在校生数。

各级各类全日制学校在校生数（单位：万人）　　表4-1

在校生数＼年份（年）	1980	1990	1995	1998	2002	2005	2008	2010	2011
研究生	2.2	9.3	14.5	19.9	50	97.9	128.30	1530.84	164.58
高等教育	114.4	206.3	290.6	341	903	1561.8	2021.02	2231.79	2308.50
中学阶段	5747.8	5238.6	6387.2	7514	9568	10297.2	10161.04	9935.	9726.95
高中阶段	1209.5	1369.9	1652.6	2064	2881	2430.9	4576.07	4670.59	4686.60
普通高中	969.8	717.3	713.2	938	1684	2409.1	2476.28	2427.33	2454.82
中等职业技术教育	239.7	652.6	939.4	1126	1197	1600	2087.09	2231.76	2205.33
初中	4538.3	3916.5	4727.5	5450	6687	6171.8	5584.97	5275.91	5066.80
小学	14627.0	12241.4	13195.2	13954	12157	10864.1	10331.51	9940.70	9926.36
幼儿园	1150.8	1972.2	2711.2	2403	2036	2179	2474.96	2976.67	3424.44

《国家中长期教育改革和发展规划纲要（2010—2020年）》的提出战略目标是到2020年，基本实现教育现代化，基本形成学习型社会，进入人力资源强国行列，实现更高水平的普及教育。基本普及学前教育，巩固提高九年义务教育水平，普及高中阶段教育，毛入学率达到90%；高等教育大众化水平进一步提高，毛入学率达到40%；扫除青壮年文盲。新增劳动力平均受教育年限从12.4年提高到13.5年；主要劳动年龄人口平均受教育年限从9.5年提高到11.2年，其中受过高等教育的比例达到20%，具有高等教育文化程度的人数比2009年翻一番。

第一节　学前教育

学前教育是指学龄前所接受的教育。1996年原教育部发布了《幼儿园工作规程》，规定幼儿园是对3周岁以上学龄前幼儿实施保育和教育的机构，是基础教育的有机组成部分，是学校教育制度的基础阶段。而目前的学前教育主要是指3~6岁儿童所接受的以幼儿园教育为主的教育。学前教育是基础教育的有机组成部分。幼儿园适龄幼儿为3~6周岁（或7周岁）。幼儿园一般为3年制，亦可设一年制或两年制的幼儿园。幼儿园可分为全日制、半日制、定时制、季节制和寄宿制等。上述形式可分别设置，也可混合设置。幼儿园每班幼儿人数一般为:小班(3~4周岁)25人,中班(4~5周岁)30人,大班(5~6或7周岁)35人,混合班30人,学前幼儿班不超过40人。寄宿制幼儿园每班幼儿人数酌减。幼儿园可按年龄分别编班,也可混合编班。为了加强幼儿园的管理,切实提高托幼机构卫生保健工作质量,促进幼儿教育事业的发展,2012年卫生部关于印发《托儿所幼儿园卫生保健工作规范》的通知,进一步加强了托儿所、幼儿园卫生保健工作。

《国家中长期教育改革和发展规划纲要(2010—2020年)》中指出,办好学前教育一是基本普及学前教育,到2020年,普及学前一年教育,基本普及学前两年教育,有条件的地区普及学前3年教育。重视0~3周岁婴幼儿教育;二是明确政府职责。把发展学前教育纳入城镇、社会主义新农村建设规划。建立政府主导、社会参与、公办民办并举的办园体制。大力发展公办幼儿园,积极扶持民办幼儿园。加大政府投入,完善成本合理分担机制,对家庭经济困难幼儿入园给予补助。加强学前教育管理,规范办园行为。制定学前教育办园标准,建立幼儿园准入制度。完善幼儿园收费管理办法。严格执行幼儿教师资格标准,切实加强幼儿教师培养培训,提高幼儿教师队伍整体素质,依法落实幼儿教师地位和待遇。教育行政部门加强对学前教育的宏观指导和管理,相关部门履行各自职责,充分调动各方面力量发展学前教育;三是重点发展农村学前教育。努力提高农村学前教育普及程度,着力保证留守儿童入园。采取多种形式扩大农村学前教育资源,改扩建、新建幼儿园,充分利用中小学布局调整富余的校舍和教师举办幼儿园(班)。发挥乡镇中心幼儿园对村幼儿园的示范指导作用。支持贫困地区发展学前教育。

2010年教育部制定了《3~6岁儿童学习与发展指南》(以下简称《指南》)。以为幼儿后继学习和终身发展奠定良好素质基础为目标,以促进幼儿体、智、德、美各方面的协调发展为核心,通过提出3~6周岁年龄段儿童学习与发展目标和相应的教育建议,帮助幼儿园教师和家长了解3~6周岁幼儿学习与发展的基本规律和特点,建立对幼儿发展的合理期望,实施科学的保育和教育,让幼儿度过快乐而有意义的童年。《指南》从健康、语言、社会、科学、艺术5个领域描述幼儿的学习与发展。每个领域按照幼儿学习与发展最基本、最重要的内容划分为若干方面。每个方面由学习与发展目标和教育建议两部分组成。目标部分分别对3~4周岁、4~5周岁、5~6周岁3个年龄段末期幼儿应该知道什么、能做什么、大致可以达到什么发展水平提出了合理期望,指明了幼儿学习与发展的具体方向。教育建议部分列举了一些能够有效帮助和促进幼儿学习与发展的教育途径与方法。

第二节　义务教育

义务教育包括小学教育和初级中学教育。

1986年国务院颁布《中华人民共和国义务教育法》(2006年进行了一次修订),掀起了普及义务教育的新热潮,1993年中共中央、国务院印发《中国教育改革和发展纲要》,提出"全国基本普及九年义务教育(包括初中阶段的职业技术教育);大城市市区和沿海经济发达地区积极普及高中阶段教育;大中城市基本满足幼儿接受教育的要求;广大农村积极发展学前一年教育。全国基本扫除青壮年文盲,使青壮年中的文盲率降到5%以下。通过岗位培训、继续教育和在职学历教育,提高广大从业人员的思想文化素质和职业技能"的宏伟目标。为贯彻《国务院关于进一步加强农村教育工作的决定》(国发[2003]19号),进一步推进西部大开发,实现西部地区基本普及九年义务教育、基本扫除青壮年文盲(以下简称"两基")

目标,特制订《国家西部地区“两基”攻坚计划(2004~2007年)》。“两基”是基本实施九年义务教育和基本扫除青壮年文盲的简称。

2004~2007年,农村寄宿制学校建设工程,投资100亿元,农村中小学远程教育工程,投资110亿元。2004~2006年,从“两免一补”到建立农村义务教育保障新机制,全部免除西部农村学生学杂费,惠及西部4880万学生。2007年春季起,免除全国农村学生学杂费,秋季又着手免除全部农村学生的课本费。2006~2007年,连续两年实施农村义务教育学校教师“特岗计划”,13个省区的4000多所农村中小学有了年轻的大学毕业生。在实现城乡免费九年义务教育的基础上,2012年又开始实施农村免费中等职业教育,这是中国教育历史上第二项免学费政策。启动国家连片特困地区农村义务教育学生营养改善计划,覆盖699个县,惠及3000多万学生。完成中小学校舍安全工程。在不断加大东中西部招生协作计划、明显缩小地区高考录取率差距的基础上,为提高中西部农村地区学生高考入学质量,首次实施面向国家连片特困地区定向招生计划,2012年录取1万多名本科生,这些地区上重点大学人数提高10%左右。出台了进城务工人员随迁子女接受义务教育后在当地参加升学考试的意见。截至目前,31个省(区市)除西藏外都按照国务院要求出台了具体实施方案。重点发展农村学前教育,3年毛入园率为62.3%,提前实现“十二五”的60%目标,更多农村孩子有了上幼儿园的机会。见表4-2小学学龄儿童入学率、见表4-3各级学校毕业生升学率。

小学学龄儿童入学率(单位:万人) 表4-2

年份	学龄儿童入学率		
	全国学龄儿童数	已入学学龄儿童数	入学率(%)
1965	11603.2	9829.1	84.7
1980	12219.6	11478.2	93.0
1985	10362.3	9942.8	95.9
1990	9740.7	9529.7	97.8
1999	12991.4	12872.8	99.1
2000	12445.3	12333.9	99.1
2001	11766.4	11561.2	99.1
2002	11310.4	11150.0	98.6
2003	10908.3	10761.6	98.7
…	…	…	…

注:1991年以前的入学率是按7~11周岁统一计算的;从1991年起入学率是按各地不同入学年龄和学制分别计算的。

各级学校毕业生升学率 表4-3

年份	小学升初中(%)	初中升高中(%)	高中升高等教育(%)
1990	74.6	40.6	27.3
1991	77.7	42.6	28.7
1992	79.7	43.6	34.9
1993	81.8	44.1	43.3

续上表

年份	小学升初中(%)	初中升高中(%)	高中升高等教育(%)
1994	86.6	47.8	46.7
1995	90.8	50.3	49.9
1996	92.6	49.8	51.0
1997	93.7	51.5	48.6
1998	94.3	50.7	46.1
1999	94.4	50.0	63.8
2000	94.9	51.2	73.2
2001	95.5	52.9	78.8
2002	97.0	58.3	83.5
2003	97.9	59.6	83.4
2004	98.1	63.8	82.5
2005	98.4	69.7	76.3
2006	100.0	75.7	75.1
2007	99.9	80.5	70.3
2008	99.7	82.1	72.7
2009	99.1	85.6	77.6
2010	98.7	87.5	83.3
2011	98.3	88.9	86.5

注:高中升学率为普通高校招生数与普通高中毕业生数之比。

第三节 高中阶段教育

高中阶段教育包括普通高中与中等职业教育。

1990年时,我国普通高中学生在校生人数只有717.3万人。鉴于中国高等教育入学率低,多数青少年只能在接受不同水平的中学阶段教育后就业。为了提高他们的技术素质和职业能力,各级政府与20世纪90年代进一步实行了中等教育结构,积极发展职业技术教育的方针,取得了显著的成绩。到2011年,普通高中在校生达2454.8万人,中等职业在校生达1966.6万人。高中阶段学生数构成见表4-4。

高中阶段学生数的构成(单位:万人) 表4-4

年份	合计	普通高中	成人高中	中等职业教育				
				小计	中等专业学校	成人中专	职业高中	技工学校
1965	622.9	130.8	—	492.1	52.7	351.8	77.5	10.1
1980	1720.5	969.8	75.1	675.6	124.3	449.4	31.9	70.0
1985	1295.7	741.1	139.0	415.6	157.1	—	184.3	74.2
1990	1528.6	717.3	47.8	763.5	224.4	158.8	247.1	133.2
2000	2463.2	1201.3	32.4	1229.5	489.5	169.3	414.6	156.1
2001	2606.3	1405.0	31.0	1170.3	457.9	189.2	383.1	140.1

续上表

年份	合计	普通高中	成人高中	中等职业教育				
				小计	中等专业学校	成人中专	职业高中	技工学校
2002	2889. 8	1683. 8	33. 5	1172. 5	456. 4	153. 3	428. 1	134. 7
2003	3240. 9	1964. 8	21. 5	1254. 6	502. 4	105. 5	455. 7	191. 1
2004	3649. 0	2220. 4	19. 4	1409. 2	554. 5	103. 3	516. 9	234. 5
2005	4030. 9	2409. 1	21. 8	1600. 0	629. 8	112. 5	582. 4	275. 3
2006	4341. 9	2514. 5	17. 5	1809. 9	725. 8	107. 6	655. 6	320. 8
2007	4527. 5	2522. 4	18. 1	1987. 0	781. 6	113. 0	725. 2	367. 1
2008	4545. 7	2476. 3	12. 7	2056. 7	817. 3	120. 6	750. 3	368. 5
2009	4624. 4	2434. 3	11. 5	2178. 7	840. 4	161. 0	778. 4	398. 8
2010	4677. 3	2427. 3	11. 5	2238. 5	877. 7	212. 4	726. 3	422. 1
2011	4686. 6	2454. 8	26. 5	2205. 3	855. 2	238. 7	681. 0	430. 4
比重(%)								
1965	100	21. 0	—	79. 0	8. 5	56. 5	12. 4	1. 6
1980	100	56. 4	4. 4	39. 3	7. 2	26. 1	1. 9	4. 1
1985	100	57. 2	10. 7	32. 1	12. 1	—	14. 2	5. 7
1990	100	46. 9	3. 1	49. 9	14. 7	10. 4	16. 2	8. 7
2000	100	48. 8	1. 3	49. 9	19. 9	6. 9	16. 8	6. 3
2001	100	53. 9	1. 2	44. 9	17. 6	7. 3	14. 7	5. 4
2002	100	58. 3	1. 2	40. 6	15. 8	5. 3	14. 8	4. 7
2003	100	60. 6	0. 7	38. 7	15. 5	3. 3	14. 1	5. 9
2004	100	60. 8	0. 5	38. 6	15. 2	2. 8	14. 2	6. 4
2005	100	59. 8	0. 5	39. 7	15. 6	2. 8	14. 4	6. 8
2006	100	57. 9	0. 4	41. 7	16. 7	2. 5	15. 1	7. 4
2007	100	55. 7	0. 4	43. 9	17. 3	2. 5	6. 0	8. 1
2008	100	54. 5	0. 3	45. 2	18. 0	2. 7	16. 5	8. 1
2009	100	52. 6	0. 2	47. 1	18. 2	3. 5	16. 8	8. 6
2010	100	52. 6	0. 2	47. 1	18. 2	3. 5	16. 8	8. 6
2011	100	52. 4	0. 6	47. 1	18. 2	5. 1	14. 5	9. 2

第四节 职业教育

国家在1986、1991、1996年3次召开了全国职业教育工作会，1991年做出了《关于大力发展职业教育的决定》，1993颁布的《中国教育改革与发展纲要》对进一步改革和发展职业教育事业提出了明确的方向、目标、任务和途径，对职业教育的管理体制、办学体制、投资体制、教学工作、师资队伍建设、评估标准等提出了一系列规定和基本原则。此外，各地方政府也相继颁布了《职业技术条例》。而1996年《中华人民共和国职业教育法》的颁布实施标志着我国职业教育走上依法治教、规范发展的道路。这一切都说明了我国政府对职业教育的推动力度是史无前例的，我国职业教育事业也获得了空前的发展。职业教育包括学校职业教育和职业培训。职业学校教育分为初等、中等、高等职业学校教育。

一、初等职业教育

初等职业教育是完成小学学业后，在初中阶段开展的职业教育，初等职业学校大部分存在于中国经济欠发达的农村地区，是为了适应发展农村经济所面对的劳动力需求而设立的，属于我国九年义务教育的一部分。

1996 年颁布职业教育法以前，我国初中阶段教育，以普通初中为主，而普通初中又以升学教育为主，这种单一的教育模式导致很多不协调现象。1993 年《中国教育改革和发展纲要》对发展职业教育规定："全国基本普及九年义务教育（包括初中阶段的职业技术教育）"，使"未升学的初中和高中毕业生普遍接受不同年限的职业技术培训，使城乡新增劳动力上岗前都能得到必须要的职业技术训练"，"普通中学也要分别不同情况，适当开设职业技术教育课程"，20 世纪 90 年代的成人教育要把"大力开展岗位培训和继续教育作为重点"扫除青壮年文盲，要"把文化教育和职业技术教育结合起来"。1994 年全国教育工作会议提出：90 年代教育工作的重点是"调整教育结构，把提高劳动者素质，大力发展职业教育，摆在突出的位置。"并明确提出"大力发展初、中级职业教育和成人教育"。至此，以九年义务教育为基础，大力发展初、中级职业教育和成人教育就十分明晰地确立为我国教育与人力资源开发的基本政策。

我国目前实施初等职业教育的形式主要有：初级中等教育阶段的初级职业学校；在初中阶段内进行定向职业教育的学校。如：综合中学、初二分流教育；实行"五・四"学制地区举办的"3+1"、"2+2"模式的学校。这种学校在初中 4 年中分别用 1 年、2 年的时间学习职业课程；普通中、小学校开设的劳技课；初中后、高中后的短期职业培训；对城镇从业者进行的适应岗位需要的最基本的职业技术训练；农村中开展的实用技术培训等。

实施初等职业教育办学主体主要是职业中学、技工学校，招收对象为小学毕业生或相当于小学文化程度的人员，一般在讲授文化课的同时，开设一些相关专业的生产劳动和职业技术课程，使学生有一技之长。在中国农村，也有在初中三年级增设一些实用技术课程，以满足毕业生农村务农的需要。中国的技工学校则以招收初中毕业生为主。

初等职业教育分布状况：初级职业学校主要设在经济欠发达的农村地区和边远地区。随着中国社会经济的发展，初等职业教育将转型为基础的或入门的职业培训，学历性的初等职业教育将逐渐退出。技工学校在中国各省市、各自治区分布，这类学校将继续以培训初级职业技能人才而存在；初级职业培训主要分布在中国市、县以下的培训机构。随着中国经济的不断发展，中国市级的初级职业培训将逐步消失。到 2011 年职业初中 54 所，在校生 25966 人。

二、中等职业教育

中等职业教育是在高中阶段进行的职业教育，也包括一部分高中后的职业培训。办学形式有中等职业学校和职业高中两种。中等职业学校是以招收初中毕业生为主、高中毕业生为辅，以中等职业教育为核心学习内容的专门学校，是一种学历教育，学生毕业后可获得中专学历证书，通过培训还可以获得相应的国家初、中级职业资格证书。职业高中是中等职业教育的又一种办学形式，主要学习中等职业技能的基础知识和基本技能学生毕业后获得中等职业教育学历证书,大多数学生进入高等职业学校继续就读。

中等职业教育是办学的主体,主要包括普通中等专业学校、职业中专学校、职业高级中学、成人中专学校、技工学校。传统的5类中等职业学校培养目标逐步趋同,办学形式也日益相近。通过改革、布局、结构调整和资源整合等方式,逐步打破部门界限,推动办学形式走向融合,统一规范为"中等职业技术学院校"或"中等职业学校"。

1978年在高级中等教育阶段中,职业学校学生只占7%。为了扭转中等教育结构严重失调的状况,1980年国务院发布《关于中等教育结构改革的报告》,1982年党的第十二次代表大会特别提到要"加强中等职业教育"的问题,1985年《中共中央关于教育体制改革的决定》中系统地做出了"调整中等教育结构,大力发展职业教育"的指示。在这些文件精神指导下,这一时期我国中等职业教育得到迅速发展。至1993年,高中阶段职业技术学校在校生占高中阶段教育在校生的比重达53%。同时,成人中等专业教育发展迅速,1990~1993年增长速度由4.6%上升到20.1%,而职业初中(初等职业教育)始终徘徊不前。不难看出,20世纪80年代,我国职业教育的恢复发展是从中等职业技术教育开始起步的,其起点较高。国家在选择和决定职业教育发展重点时,没有充分考虑到我国的经济条件和社会条件,因而也暴露了一些问题。到2011年,中等职业技术学校(中专、技工学校和职业高中)共计13093所,在校生2205.33万人,专任教师人数为881938人。

教育部、人力资源和社会保障部、财政部于2011年下发了《关于实施国家中等职业教育改革发展示范学校建设计划的意见》(教职成[2010]9号)决定从2010年到2013年组织实施国家中等职业教育改革发展示范学校建设计划。从2010年到2013年,中央财政重点支持1000所中等职业学校改革创新,形成一批代表国家职业教育办学水平的中等职业学校,大幅度提高这些学校办学的规范化、信息化和现代化水平,使其成为全国中等职业教育改革创新、提高质量和办出特色的示范,在中等职业教育改革发展中发挥引领、骨干和辐射作用。

三、高等职业教育

高等职业教育是在高中阶段的基础上实施的职业教育,是职业技术教育的高等阶段。

1980年,首批地方性的短期职业大学在新的经济和社会发展高潮中应运而生,并迅速扩展。1985年,原国家教委开始试办初中后五年一贯制职业教育,至1996年有22所学校被批准实施五年制。20世纪末期,国家要求所有高等专科学校和成人高等学校都与高等职业技术学院一样,培养"高级技术应用性专门人才",从而把这些院校实施的教育统称为"高职高专教育"。2011年全国高职学校数量1276所,占普通高校总数的60%;招生数325万人,占普通高校招生总数的47.7%。在高职学校毕业生中,有12.7%来自于贫困地区,22.2%来自于西部地区,16.2%来自于少数民族地区。

举办高等职业教育的院校有:短期职业大学、职业技术学院、普通高等专科学校、独立设置的成人高校、本科院校内设立的高等职业教育机构(二级学院)、具有高等学历教育资格的民办高校。高等职业教育属于大专层次,是通过招生考试录取新生,具体分为两大类:分别为全国高校招生考试、单独招生考试和成人高校招生考试。

全国普通高校招生考试和单独招生考试:报考对象以应届普通高中毕业生为主,应届中专毕业生、职业高中毕业生、技工学校毕业生(简称"三校生")和历届高中毕业生也可报考。另外,举办五年制高职教育的学校可以接收应届初中生报考,其入学考试和普通中专相同,由省级教育行政部门确定,学校组织考试。

成人高校招生考试,报考对象包括在职人员、往届高中毕业生及应届中专毕业生、职业高中毕业生和技工学校毕业生。全日制学业年限 2 ~4 年,管理类专业一般为 2 年;工科类一般为 3 年;特殊专业为 4 年,非全日制修业年限可适当延长。以招收应届初中毕业为主要培养对象的高等职业教育,基本修业年为 5 年。

1. 国家示范高等职业院校/骨干高等职业院校

根据《国务院关于大力发展职业教育的决定》要求,为在全国高等职业院校中树立改革示范,经国务院同意,在“十一五”期间实施国家示范性高等职业院校建设计划。该计划将按照地方为主、中央引导、突出重点、协调发展的原则,选择办学定位准确、产学结合紧密、改革成绩突出、制度环境良好、辐射能力较强的高等职业院校,进行重点支持,带动全国高等职业院校办出特色,提高水平。具体任务:支持 100 所高水平示范院校建设,60 万以上在校生直接受益,为社会提供各类培训 200 万人次;重点建成 500 个左右产业覆盖广、办学条件好、产学结合紧密、人才培养质量高的特色专业群;培养和引进高素质“双师型”专业带头人和骨干教师,聘请企业行业技术骨干与能工巧匠,专兼结合的专业教师队伍建设取得明显成效;建成 4000 门左右优质专业核心课程,1500 种特色教材和教学课件,每个专业带动区域和行业内 3 个以上相关专业主干课程水平的提高,教学质量显著提升;围绕国家重点支持发展的产业领域,研制并推广共享型教学资源库,为学生自主学习提供优质服务;运用现代信息手段,搭建公共服务平台,为共享优质教学资源提供技术支撑;推动示范院校与经济欠发达地区的对口支援,与区域内中高等职业院校的对口交流,促进高等职业教育整体质量的提升。教育部按照《教育部财政部关于进一步推进“国家示范性高等职业院校建设计划”实施工作的通知》(教高[2010]8 号),于 2011 年启动骨干高职学校项目建设工作,项目建设期为 3 年。期间,新增 100 所左右骨干高职建设院校,推进地方政府完善政策、加大投入,创新办学体制机制,推进合作办学、合作育人、合作就业、合作发展,增强办学活力;以提高质量为核心,深化教育教学改革,优化专业结构,加强师资队伍建设,完善质量保障体系,提高人才培养质量和办学水平;深化内部管理运行机制改革,增强高职院校服务区域经济社会发展的能力,实现行业企业与高职院校相互促进,区域经济社会与高等职业教育和谐发展。

2. 单独招生

我国高等职业院校实行单独招生最早开始于 2007 年,主体单位由国家示范性高职院校逐步扩权到国家骨干高职院校、各省级示范性高职院校、国家高等职业教育综合改革试验区内高职院校。教育部为进一步完善具有中国特色的高等职业教育体系和高等教育多元化选拔录取机制,贯彻落实《教育部财政部关于实施国家示范性高等职业院校建设计划加快高等职业教育改革与发展的意见》(教高[2006]14 号)文件精神,积极探索引导高中毕业生和中职毕业生向优质高等职业院校合理分流,提升高等职业教育的生源质量,决定由高等职业院校在高考前组织命题、考试、评卷、划定录取最低控制分数线,确定录取名单,直接报省教育考试院核准备案录取。这种招生形式就叫做高职院校“单独招生”,参加单独招生考试录取的考生与参加高考录取的考生享受同等待遇。

3. 职业培训

职业培训包括从业前培训、转业培训、学徒培训、在岗培训、转岗培训及其他职业性培训,可以根据实际情况分为初级、中级、高级职业培训。职业培训分别由相应的职业培训机构、职业学校实施。其他学校或者教育机构可以根据办学能力,开展面向社会的、多种形式的职业培训。

第五节　高 等 教 育

高等教育是指在完成高级中等教育基础上实施的教育。

一、高等教育的学制系统

1. 高等教育的实施机构

高等教育由高等学校和其他高等教育机构实施。大学、独立设置的学院主要实施本科及本科以上教育。高等专科学校实施专科教育。经国务院教育行政部门批准,科学研究机构可以承担研究生教育的任务。其他高等教育机构实施非学历高等教育。

2. 高等教育的形式

高等教育采用全日制和非全日制教育形式。全日制的教育形式是指学生在国家规定的修业年限内,全日在校学习的教育形式。采取全日制高等教育形式的学校称为全日制高等学校。非全日制的教育形式是指学生在规定的修业年限内,部分时间在校学习,其他利用业余时间进行学习,或者全部利用业余时间进行学习的教育形式,包括各种实施高等教育的夜大学、函授大学、广播电视大学等成人高等教育。

3. 高等教育的修业年限

专科教育的基本修业年限为 2 ~3 年;本科教育的基本修业年限为 4 ~5 年;硕士研究生教育的基本修业年限为 2 ~3 年;博士研究生教育的基本修业年限为 3 ~4 年。非全日制高等学历教育的修业年限应当适当延长。高等学校根据实际需要,经主管的教育行政部门批准,可以对本学校的修业年限作出调整。

4. 高等学校举办的形式

(1)公办大学是指由国家举办的学校;民办高校是指企业事业组织、社会团体及其他社会组织和公民个人利用非国家财政性教育经费,面向社会举办高等学校;独立学院则是指实施本科以上学历教育的普通高等学校与国家机构以外的社会组织或者个人合作,利用非国家财政性经费举办的实施本科学历教育的高等学校,属民办性质。

(2)独立学院:独立学院是民办高等教育的重要组成部分。由实施本科以上学历教育的普通高等学校与国家机构以外的社会组织或者个人合作,教育部负责审批,利用非国家财政性经费举办。独立学院有独立的校园和基本办学设施,实施相对独立的教学组织和管理,具有独立法人资格。1997 年国务院下发了《社会力量办学条例》后,一些地方和高校在高等教育办学机制方面进行了大胆探索,其中由普通高校按照新的机制和模式试办的相对独立的二级学院(以下简称独立学院)发展较快。1999 年,以浙江大学与杭州市联合创办浙江大学城市学院为例在保证高等教育规模的增长、扩大高等教育资源等方面起到了积极作用。随着规模的不断扩大,教育部关于印发《关于规范并加强普通高校以新的机制和模式试办独立学院管理的若干意见》的通知(教发[2003]8 号),对二级学院(独立学院)办学进行了规范,至 2008 年《独立学院设置与管理办法》下发后,独立学院发展由试点走向规范。独立学院在近几年的发展中,随着办学规模的扩大和办学水平的提升,逐步转为民办高校。截止 2011 年,独立学院 309 所,在校生 2674448 人(本科:2498710 人,专科:175738 人)。

(3)民办高校:关于我国新时期民办高等教育的发展阶段问题,理论界尚未取得一致的意见。但大致经历了从孕育、萌芽、初创到调整、规范、发展阶段。国务院1997年下发了《社会力量办学条例》、2003年下发了《中华人民共和国民办教育促进法》,2008下发了《独立学院设置与管理办法》、2010年下发了《国务院关于鼓励和引导民间投资健康发展的若干意见》(国发[2010]13号)、《国家中长期教育改革和发展规划纲要(2010~2020年)》、2012年教育部发布了《关于鼓励和引导民间资金进入教育领域促进民办教育健康发展的实施意见》(教发[2012]10号),使民办高校从无章可循到有法可依。截止2011年,民办高校698所,其中独立学院309所,民办高校在校生5050687人(本科:3118236人,专科:1932451人),其中独立学院在校生2674448(本科:2498710人,专科:175738人)。

5. 高等院校的分类

目前对于高等教育分类的方法很多,对于高等院校常规分类有两类:一类是按科研规模大小,将现有大学划分为研究型、研究教学型、教学研究型,教学型4种,二是按学科门类及其比例将现有大学划分为综合类、文理类、理科类、文科类、理学类、工学类、农学类、医学类、法学类、文学类、管理类、体育类、艺术类13类。

二、高等教育的学历、学位证书

1. 学历证书

经国家批准设立或者认可的学校及其他教育机构按照国家有关规定,颁发学历证书或者其他学业证书。高等学历教育分为专科教育、本科教育和研究生教育。2000年,教育部开始建立普通高等教育学历证书电子注册制度,此项改革使教育部不再统一印制高等教育学历证书内芯,改由高等学校自行印制,但必须进行电子注册,并供网上查询。2000年在北京、天津、辽宁、湖北、重庆5省、市试点,2001年在全国实行各类高等教育学历证书电子注册制度。2013年全国中小学生学籍信息管理系统启动,实现全国联网并试运行。该系统将为每名中、小学学生建立全国唯一的、跟随一生的学籍编号,从小学一直沿用至研究生教育乃至继续教育,并在全国范围内实现学生转学、升学等动态跟踪管理,对解决农村"控辍保学"、进城务工人员随迁子女入学、留守学生等教育热点、难点问题提供有力支撑。

接受高等学历教育的学生,由所在高等学校或者经批准承担研究生教育任务的科学研究机构根据其修业年限、学业成绩等,按照国家有关规定,发给其相应的学历证书或者其他学业证书;接受非学历高等教育的学生,由所在高等学校或者其他高等教育机构发给相应的结业证书。结业证书应当载明修业年限和学业内容。国家实行高等教育自学考试制度,经考试合格的,发给相应的学历证书或者其他学业证书。

2. 学位

学位是标志被授予者的受教育程度和学术水平达到规定标准的学术称号。我国学位分学士、硕士、博士三级。"博士后"不是学位,而是指获准进入博士后科研流动站从事科学研究工作的博士学位获得者。学士学位,由国务院授权、高等学校授予;硕士学位、博士学位由国务院授权的高等学校和科研机构授予。高等学校本科毕业生,成绩优良、达到规定的学术水平者,授予学士学位;高等学校和科研机构的研究生(博士),通过硕士(博士)学位的课程考试和论文答辩,成绩合格、达到规定的学术水平者,授予硕士(博士)学位。授予学位的高等学校和科学研究机构,在学位评定委员会做出授予学位的决议后,发给学位获得者相应的学位证书。

本科毕业或者具有同等学力的，经考试合格，由实施相应学历教育的高等学校或者经批准承担研究生教育任务的科学研究机构录取，取得硕士研究生入学资格；硕士研究生或者具有同等学力的，经考试合格，由实施相应学历教育的高等学校或者经批准承担研究生教育任务的科学研究机构录取，取得博士研究生入学资格；允许特定学科和专业的本科毕业生直接取得博士研究生入学资格，具体办法由国务院教育行政部门规定。公民通过接受高等教育或者自学，其学业水平达到国家规定的学位标准，可以向学位授予单位申请授予相应的学位。

(1)学力：指一个人的学习能力，是一个人在接受知识、理解知识和运用知识方面的能力。

(2)同等学力：指学习经历不同，在知识水平和学力能力方面达到同等程度的人员。在学位与研究生教育工作中经常出现和使用的概念。通常指申请学位者或报考研究生的考生中，虽然没有大学本科或者硕士生、博士生学力(包括获得相应的学位)，但通过自学或其他途径达到了相当于大学本科或硕士生毕业以及博士生申请论文答辩时的知识和能力水平的人员。同等学力是非本科、硕士生毕业者报考硕士生、博士生，以及不具备硕士生、博士生学历的人员申请硕士和博士学位时的必要条件。在我国，同等学力资格须经申请人所在单位证明以及接受其报考或申请的单位审核。

(3)学历：指一个人的学习经历。

(4)同等学历：指具有与某级教育相同层次的学历或者获得同级教育但非同一学科、专业的毕业证书(包括相应的学位)。如：一般认为，我国中等专业学校或者职业高中的毕业生和普通高中毕业生具有同等学历。同等学历的概念在学位与研究生教育工作中有参考意义。如在研究生招生工作中经常出现的同等学历考生(非某一学科专业毕业的本科、硕士生或学士、硕士学位获得者)跨学科、专业报考硕士生、博士生；在学位工作中出现的非本学科、专业毕业的同等学历申请者(硕士、博士研究生或硕士、博士学位获得者)跨学科、专业申请硕士、博士学位等。

(5)学历与学位区别：学位不等同于学历，获得学位证书而未取得学历证书者仍为原学历。取得硕士学位或博士学位证书的，却不一定能够获得硕士研究生或博士研究生毕业证书；而取得大学本科毕业证书的，却不一定能够获得学士学位证书。现在经常出现将学位与学力相混淆的现象，如有的人学力为本科毕业，以后通过在职人员学位申请取得了博士学位，这时，学力仍为本科，而不能称之为取得“博士学历”。

三、国家教育考试

2012 年修订《国家教育考试违规处理办法(2004)》规定，国家教育考试是指普通和成人高等学校招生考试、全国硕士研究生招生考试、高等教育自学考试等，由国务院教育行政部门确定实施，由经批准的实施教育考试的机构承办，面向社会公开、统一举行，其结果作为招收学历教育学生或者取得国家承认学历、学位证书依据的测试活动。目前教育部组织的考试有：普通高等学校招生考试、研究生招生考试、成人高等教育招生考试、在职攻读硕士学位联考、全国高等教育自学考试、同等学力人员申请硕士学位全国统一考试、英语四、六级考试(CET)、国家公共英语等级考试(PETS)、汉语水平考试、普通话水平测试、TOEFL/GRE/GMAT/IELTS、汉语作为外语教学能力认定考试。

四、高等教育的形式

包括学历教育和非学历教育。

(一)学历教育

1. 普通全日制高等教育

此教育形式是通过全国普通高等学校统一招生考试,以招收高中毕业生为主要培养对象的,大学、独立设置的学院主要实施本科及本科以上教育。高等专科学校、高等职业技术学院实施专科教育。经国务院教育行政部门批准,科学研究机构可以承担研究生教育的任务。其他高等教育机构实施非学历高等教育。

为了方便考生查询,全国普通高等院校信息库中将普通高等院校按照隶属关系、研究水平和层次,举办形式分类如下:

教育部直属、其他中央部委所属、地方所属、本科、高职(专科)、211 工程、985 工程、研究生院、民办、独立学院、示范性高职。

按照学科门类分类如下:

综合院校、工科院校、农业院校、林业院校、医药院校、师范院校、语言院校、财经院校、政法院校、体育院校、艺术院校、民族院校军事院校。

截至 2012 年 4 月 24 日,教育部批准的高等学校名单、新批准的学校名单:全国普通高校(不含独立学院)共计 2138 所,其中独立设置民办普通高校 403 所;全国成人高校共计 348 所,其中民办成人高校 1 所。

截至 2012 年 5 月 22 日,具有普通高等学历教育招生资格且 2012 年主管部门安排普通高等学历教育招生计划的普通高等学校 2132 所,其中,本科 844 所,普通高职(专科)1288 所、独立学院 298 所和分校办学点 62 所。

(1)分校办学点:

分校办学点是执行教育部关于印发《关于规范并加强普通高校以新的机制和模式试办独立学院管理的若干意见》的通知(教发[2003]8 号)过渡期的产物。主要是指部分办学条件较好、通过国家教育行政部门年审可以举办高职(专科)层次普通高等学历教育的成人高等学校,也包括少数普通高等学校在建设和发展过程中,因体制调整等原因形成的在学校主体校园外办学的分校、办学点。分校办学点的办学资格实行年审制。每年 4 月份,教育部均在《中国教育报》、教育部门户网站等有关媒体公布当年具有普通高等学历教育资格的高等学校名单,其中包含当年通过年审、可以举办普通高等学历教育的分校办学点。对这些分校办学点通过各省级招办招收的普通高等学历教育学生,教育部均予以学籍、学历电子注册。对未经教育部批准公布的“分校办学点”擅自招收的学生,教育部均不予以学籍、学历电子注册。

(2)211 工程:

1993 年 7 月,国家教委发出《关于印发〈关于重点建设一批高等学校和重点学科点的若干意见〉的通知》,根据中共中央、国务院发布的《中国教育改革和发展纲要》和《国务院批转国家教委关于加快改革和积极发展普通高等教育意见的通知》,决定设置“211 工程”重点建设项目,即面向 21 世纪,重点建设 100 所左右的高等学校和一批重点学科点,该工程于 1995 年正式启动。在 1998 年教育部制定的《面向 21 世纪教育振兴行动计划》中强调,继续并加快进行“211 工程”建设,大力提高高等学校的知识创新能力。

(3)985 工程:

我国政府为建设若干所世界一流大学和一批国际知名的高水平研究型大学而实施的高等教育建设工程。名称源自 1998 年 5 月 4 日,江泽民在北京大学百年校庆上建设世界一流大学的讲话。最初入选 985 工程的高校有 9 所,被称“九校联盟”,截至 2011 年年末,985 工程共有 39 所高校。在 1998 年教育部制定《面向 21 世纪教育振兴行动计划》中强调,创建若干所具有世界先进水平的一流大学和一批一流学科。此后,教育部表示 985 工程和 211 工程的规模已经稳定,将不再新增高校,于是引入动态竞争机制,在非 985 工程高校且是部属 211 高校实施 985 工程优势学科创新平台。

(4)2011 计划:

全称“高等学校创新能力提升计划”,名称源自 2011 年 4 月 24 日,胡锦涛同志在清华大学百年校庆上发表讲话时提出了“推动协同创新”的理念和要求。为落实胡锦涛同志重要讲话精神,2012 年 5 月 7 日教育部、财政部联合召开视频会议,正式启动实施《高等学校创新能力提升计划》,也就是“2011 计划”。“2011 计划”以“国家急需、世界一流”为根本出发点,以人才、学科、科研三位一体创新能力提升为核心任务,以协同创新中心建设为载体,以创新发展方式转变为主线,构建面向科学前沿、文化传承、行业产业及区域发展重大需求的协同创新模式,推进高校 8 个方面的机制体制改革。当前,中国高等教育已进入了内涵式发展的新阶段,该计划是继 211 和 985 两项重点工程之后,旨在提升高校创新能力的这项“2011 计划”,成了我国高等教育领域的第三个重大国家工程,于 2012 年 5 月 7 日正式启动。该计划由教育部和财政部共同研究制定,旨在突破高校内外部机制体制壁垒,释放人才、资源等创新要素活力。2013 年 4 月 11 日,首批 14 家通过“2011 计划”认定的国家协同创新中心。2011 计划和 211、985 工程相比,4 年一个周期,取消终身制。同时,2011 计划高等院校也不一定是 211、985 高等院校。

(5)高考:

高考即普通高等学校招生考试。1949 年,高等学校沿袭过去单独招生的方式。1950 年,同一地区高校联合招生。1951 年,以全国大行政区范围统一招生。1952 年 6 月 21 日,教育部发布《关于全国高等学校暑期招收新生的规定》。首次明确规定高等学校招生实行全国统一招生考试。这意味着高校自主招生政策彻底宣告结束。至此,废除科举制度后一直施行的高校自主招生政策彻底宣告结束。1966 年“文化大革命”开始,废除高考,高校停止招生。1971 年高等学校逐步举办试办班,恢复招生。招收的新生初中毕业即可,但须经过 2 年以上劳动锻炼。废除招生考试,改为“自愿报名,群众推荐,领导批准,学校复审”。“工农兵大学生”就是该非常时期的产物。1977 年 10 月 12 日,国务院发布恢复高考的文件。1977 年的高考由各省、自治区、直辖市命题,文理两类都考政治、语文、数学,文科加考史地,理科加考理化,新生于 1978 年春入学。高考就这样恢复了。期间逐步完善解决高考移民、少数民族考生加分、特长生加分、招生指标城乡之间的平衡等问题。1989 年,全国普通高校招生开始实行国家任务和社会调节两种计划。此后,招生考试就业改革不断向纵深发展。1997 年,高校实行全面招生并轨,改变了高校的生存方式。1999 年,扩大高校招生规模,中国高等教育由精英转为大众化教育,并揭开了新一轮高考改革的序幕,教育部开始推行“3 + X”科目考试方案。2000 年,实行计算机网上录取,并开始分批次录取。2001 年,教育部出台新政策,允许 25 周岁以上公民参加高考,彻底放开高校招生的年龄限制。2003 年,各本科院校开始自主招生选拔招生（笔试、面试），目前已形成“北约”联盟（十一校）、“华约”联盟（七校）、“卓越”联盟（九校）、“北京高科”联盟（十一校）四大联盟。2007 年开始分别在国家示范（骨干）院校开始“知识＋技能”单独招生试点工作，推进普通本科和高等职业教育分类入学考试。随着大量城市流动人口和进城务工农民工在异地工作时间的推移，其子女在流入地参加高考的问题日益迫切。2010 年高考体检取消乙肝检测，专业录取限制一并取消。2012 年 9 月 1 日，国务院办公厅发出文件，要求各地在 2012 年 12 月 31 日前出台异地高考具体办法。高考制度变迁，是为了适应社会的发展和进步需要，建立和完善终身教育体系，旨在推进社会的公平，最终实现“分类考试”、“综合评价”、“多元录取”的目标和任务。

（6）招生并轨：

高等教育改革是一项综合性、系统性的宏大工程，包括招生、收费、教学、后勤、人事、学生管理和毕业生就业等一系列系统工程，招生并轨就是其中招生改革的重要部分。招生并轨属于招生计划的改革，也是录取办法的改革。在招生计划方面，即将原来实行的国家任务招生计划和调节性计划（合同培养和自费部分）分别划分为两条分数线招生的形式，即双轨形式。改变为按招生计划统一划分为一条分数线招生的形式，在同一地区实行同一录取标准，并且在招生中一次性完成录取任务，不再分国家任务和委托代培两次来完成录取任务。

（7）录取：

目前全国普通高等学校招生录取工作在教育部统一领导下，由各省级招生委员会组织实施。各省市主要实行“学校负责，招办监督”的录取管理体制，录取的办法是“根据志愿，从高分到低分，按比例投档”，录取的基本原则是“德全面考核、择优录取”；以全国统一文化考试为依据，“公平竞争、公正选才”。目前，我国高考招生录取分为一本、二本、三本、大专 4 个等级。“一本”是指进入“985”、“211”重点大学和经批准的少量一般本科院校；“二本”是指普通本科高校；“三本”是指独立学院办的本科；专科院校是最后一批招生。由于招生学校在客观上存在差异，根据教育部的有关文件精神，实行分批录取的方法。分为提前录取（提前录取的是军事院校、公安部所属院校和少量教育部特批的院校、艺术院校及招收艺术专业的院校、体育院校及招收体育专业的院校）、第一批录取、第二批录取、艺术类高职、专科录取。

（8）定向生：

1989 年，国家教委出台了《普通高等学校定向招生、定向就业暂行规定》，《规定》称，“为了保证工作环境比较艰苦的地区和行业能得到一定数量的毕业生”，高等学校按国家招生计划的一定比例实行“定向招生、定向就业”。其中，特指的艰苦地区包括内蒙古、广西、贵州、西藏、宁夏、云南等 9 省区，艰苦行业则包括国防军工、农业、林业、地质、气象、解放军等部门以及矿区、油田、劳改劳教场所等地点。各省区所属高校则可向老少边穷地区以及艰苦行业定向。定向生录取一般与非定向生执行同一录取分数标准，如不能完成生源计划，可在该定向院校录取分数线以下 20 分之内择优录取。定向招生规定出台之后，为部分艰苦、重要的行业、地区和单位输送了不少人才。但定向招生实施中也产生了越来越多的问题。有教育界人士指出，对于拥有定向指标的单位来说，指标成了单位职工子弟的特殊待遇，普通考生难以涉足。由于指标稀缺，导致非定向单位、地区的考生千方百计争取这些指标，黑中介就此产生，令招生过程弊端重重。教育部 2002 年普通高等学校招生工作规定指出，考生要与定向就业单位签署并落实好符合有关规定的协议书，坚决制止假定向或利用定向就业招生计划向考生收费。2008 普通高等学校招生工作规定指出，部分高等学校经向其主管部门申请,并经教育部核准备案,可面向部分国家重点建设项目用人单位安排少量定向就业招生计划。高等学校须与定向就业单位签订符合有关规定的协议书。严禁假定向或利用定向就业招生向考生收费。定向就业招生计划应面向全省(区、市)招生。定向就业招生与非定向招生应同时进行投档录取。高等学校定向就业招生计划在该校调档分数线上不能完成的,可在该校调档分数线下20分以内、同批录取控制分数线以上,由省级招办补充投档,学校根据考生定向志愿择优录取;若仍完不成定向就业招生计划,则就地转为非定向计划执行。2011年教育部下发了《关于深入实施高校招生阳光工程的意见》(教学[2011]9号),2012年教育部办公厅下发《关于做好2012年普通高等学校招生考试执法监察工作的通知》(教监厅[2012]2号),由此来看,定向生招生计划越来越少,而且由原来"定向招生、定向就业"逐步过渡到面向贫困地区实施专项(师范、医学)定向招生。

(9)高等学历文凭考试:

高等教育学历文凭考试是国家对尚不具备颁发学历文凭资格的民办高校的学生组织的学历认定考试,是教育考试制度的组成部分,也是以学校办学和国家考试相结合、宽进严出、教考分离为特点的全日制高等学校教育。取得高等教育学历文凭考试试点资格的学校,可根据省级教育行政部门确定的招生专业和招生计划,在普通高考本专科录取线以下确定相应的录取分数线,或本校自行组织入学考试。取得学历文凭考试资格的学生,修完教学计划规定的全部课程(除30%的课程由所在学校自行命题组织考试外,其余70%的课程要参加高等教育自学考试,包括全国统考课、省统考课)和实践性教学环节,成绩合格,并经思想品德鉴定合格,由省考办核发国家承认的高等教育自学考试专科毕业证书,毕业证书由全国自考办统一印刷,在证书内芯上加盖试点学校印章。教育部《关于取消高等教育学历文凭考试的通知》规定,自2005年始,所有进行文凭考试试点的民办高等教育机构,一律终止招收文凭考试学生。

(10)国家予以承认的高等教育学历证书:

经国家教育主管部门批准具有举办学历教育资格的普通高等学校(含培养研究生的科研单位)、成人高等学校、民办学历学校所颁发的学历证书,国家予以承认。另外,通过自学考试、由国务院自学考试委员会授权各省(自治区、直辖市)自学考试委员会颁发的自学考试毕业证书,经国家教育主管部门批准在党校、成人高校、军事院校设立的全日制普通班中就读的学生所取得的毕业证书,学历文凭考试学校颁发的毕业证书,普通高等学校以远程教育形式举办的高等学历教育所颁发的毕业证书,以及符合《中国人民解放军院校学历证书管理暂行规定》所颁发的学历证书,国家同样予以承认。

(11)公派留学:

改革开放以来,我国出国留学教育政策从1978年"突出重点,统筹兼顾,保证质量,力争多派",到1986年"按需派遣,保证质量,学用一致",再到1992年确定"支持留学、鼓励回国、来去自由",显示出我国留学政策随着教育对外开放的深入而逐步完善和成熟。2005年7月,教育部部长周济在谈到当前国家公派留学工作改革问题时重点指出,要紧紧围绕"选派一流的学生,派到一流的学科专业,师从一流的导师"即"三个一流"进行,要将高层次留学人才培养与高层次科研项目合作结合起来,形成新的公派留学指导思想。

(12)自费留学:

1999年教育部会同公安部、国家工商管理总局联合颁布了对自费留学中介服务机构进行审批管理的5号令和6号令,从此,自费出国留学有了合法的专门服务机构。2000年,国务院学位办和教育部联合发文，批准同意教育部留学服务中心进行境外学历学位证书认证。此后，从2002年开始，中国政府陆续同一些国家或地区签署了高等教育学历学位互认协议。2003年，政府开始对教育涉外活动实行监管，即在教育部国际合作司成立教育涉外监管处，开通了教育涉外监管信息网，发布留学预警，人事部出台文件，自费留学生回国后可在取得学历学位证书认证之后，报考国家公务员，教育部还设立了优秀自费留学生奖学金等。

（13）学历认证：

1993年以前，我国高等教育证书管理不规范，出现不法分子学历造假、买卖文凭的不良现象。从2001年起，教育部决定建立并实施高等教育学历电子注册制度，并由全国高等教育学生信息咨询与就业指导中心，开展学历认证服务工作，同时教育部也出台了对国外学历证书认定范围的规定，由教育部留学服务中心开展国外学历证书的认证工作。至此，辨别学历真伪有了国家统一的认证途径。2007年教育部下发了关于《印发普通高等学校新生学籍电子注册暂行办法的通知》（教学[2007]3号），并且根据通知精神制订了《普通高等学校外国留学生新生学籍和外国留学生学历证书电子注册试行办法》，建立了高等学校新生学籍电子注册数据信息档案库，对学生学籍信息、学历证书电子注册进行统筹管理。

2. 成人高等教育

成人高等教育是指在完成高级中等教育基础上实施的成人教育，成人高等教育是高等教育的重要组成部分，从2008年起，普通高等学校停止招收成人脱产班，并且要求成人高等学校招收成人脱产班的规模必须根据具体行业需求从严、合理确定。经教育部审定核准举办成人高等学校教育类型有：远程教育学院、广播电视大学、职工大学、业余大学、职工医学院、管理干部学院、教育学院、普通高校的成人（继续）教育学院（以下统称成人高校）实行全国统一招生。截至2011年全国成人高等学校达353所，教职工69032人，专任教师40903人。

（1）招生类型：高中起点升成教专科（简称高起专）、高中起点升成教本科（简称高起本）和专科起点升成教本科（简称成教专升本）3种。

（2）学习形式：分脱产、业余（包括半脱产、夜大学）、函授和远程教育4种。其中脱产最短学习年限为：专升本2年，高起本2年，高起专2年；远程教育、业余和函授最短学习年限为：专升本2年半，高起本2年半，高起专2年半。

3. 高等教育自学考试

《中华人民共和国高等教育法》规定，国家实行高等教育自学考试制度，经考试合格的，发给相应的学历证书或者其他学业证书。因此，高等教育自学考试具有双重性质，既是一种国家考试制度，又是一种新的教育形式。作为国家考试制度，它由国家建立，由政府考试机构代表国家行使考试权，按照国家规定的目标和标准，面向全体学生、考生实施严格的国家考试。并选择各个地区的重点高校作为主考院校。全部成绩合格后由“教育考试院”和“有资质的高校”颁发毕业证书、学位证书。自考毕业学位证书国家承认，自考毕业生与普通高等教育毕业生享受同等待遇。

自学考试每年两次在全国考委规定的同一时间进行考试。报考人员可在当地开考专业范围内自愿选择专业报名参考。自学考试采用施考分科、学分累计的方式逐步完成学业。按照专业考试计划的要求，分课程进行考试，课程考试合格者发单科合格证并按规定计算学分。不及格者可参加下一次该课程的考试。考完专业考试计划规定的全部课程并取得合格成绩,完成毕业论文或其他教学实践任务,思想品德鉴定合格者准予毕业并取得相应毕业证书。高等教育自学考试毕业证书有:中专毕业证书、专科毕业证书、本科毕业证书。同时设有单科合格证书和专业证书。符合学位条件的高等教育自学考试本科毕业人员,由有学位授予权的主考学校依照有关规定,授予学士学位。

(二)非学历教育

非学历教育包括大学后继续教育和其他各类培训、进修、辅导(不含以获得高等教育自学考试毕业证书为目的的自学辅导)等。《教育法》第十八条规定:“实施非学历高等教育的是其他高等教育机构”。《普通高等学校举办非学历教育管理暂行规定》(教成[1990]023号)规定:“学校在保证完成国家下达的学历教育事业计划的前提下方可举办非学历教育,非学历教育的学习方式可以是脱产的,也可以是业余的。脱产学习的学习时间不得超过一年,业余学习的学习时间不得超过一年半。非学历教育不得与学历教育混淆、衔接,非学历教育不得颁发毕业证书、结业证书、肄业证书等易和学历教育相混淆的证书或文凭。学员完成学业,考核及格,由学校成人教育机构(没有成立成人教育管理机构的,则由学校教务处)发给结业证明”。截至 2011 年,非学历高等教育注册学生数达 4051425 人,结业生人数达 6771796 人。

《国家中长期教育改革和发展规划纲要(2010~2020 年)》提出,大力发展非学历继续教育,稳步发展学历继续教育。学历教育到 2020 年规模才能达到 3500 万人,而这 3500 万人中有三分之二是接受高等学历教育,不到三分之一接受的是成人教育,所以成人教育的规模到 2020 年也不到 1000 万人,因此非学力教育方面任重而道远。

第六节　国民教育体系与终身教育体系

国民教育体系主要是指主权国家通过制度或法律的形式,对本国所有享有公民权利的人所提供的一种不同层次、不同形态和不同类型的教育服务系统。终身教育体系则是针对人生各个阶段的发展需求以及社会政治和经济的变化而建立的教育服务系统。

终身教育体系是贯穿人的一生、面向全体社会成员的教育体系。国民教育体系是终身教育体系的重要组成部分,国民教育是终身教育的基石,没有现代国民教育体系作为依托,终身教育体系也就难以建立。

从办学理念上看,国民教育体系侧重于提升国民的整体素质,尤其是国民的基础能力素养方面。而终身教育体系则在终身学习理念的倡导下从对每一个人的生涯发展能起到促进作用的立场出发,促进个人的终身学习,使每一个社会成员在一生中能持续地学习,以满足其在一生中各个时期各个阶段的各种学习需求。21 世纪的教育必须扩展为终身教育,终身教育之路导向美好未来,无论年龄有多大,都必须有机会学习新的技能。

从办学特点上来讲,终身教育体系从人的发展出发,强调人受教育的终身性、灵活性,超越了国民教育体系阶段性、制度化的教育形式,因而更具包容性。

从主要内容上看,国民教育体系的主要组成部分是学校教育系统,即以具体的教育形态为主的学校教育。因而,它主要是指学前教育、九年义务教育、高中教育和大学教育。而终身教育体系则对国民教育体系进行了空间和时间上的延伸,更大范围地囊括了诸如职业培训、社区教育、休闲教育等方面,以及贯穿人的幼儿期、青少年期、成人期和老年期的一种统合而协调的体系。

从办学体制上来讲，终身教育体系不仅包括了由国家、其他社会组织以及个人依据国家的教育发展规划举办的制度化的国民教育体系，而且涵盖了以自主的、自愿的、自由的乃至自助型的非制度化的教育形态。

教育规划纲要在谈及构建终身教育体系时，强调要使现代国民教育体系更加完善，体现了对完善国民教育体系在构建终身教育体系中的重要作用的深刻认识。

第七节　继 续 教 育

一般是指大学毕业后在职的、非在职的所有人员进行知识更新、补缺、提高的教育。继续教育是继续工程教育的扩展。其教育范围不仅包括工程科技人员，也包括从事社会工作的人员。这种教育是贯穿人的一生中的教育。《国家中长期教育改革和发展规划纲要(2010～2020年)》提出，构建灵活开放的终身教育体系，发展和规范教育培训服务，统筹扩大继续教育资源；鼓励学校、科研院所、企业等相关组织开展继续教育；加强城乡社区教育机构和网络建设，开发社区教育资源；大力发展现代远程教育，建设以卫星、电视和互联网等为载体的远程开放继续教育及公共服务平台，为学习者提供方便、灵活、个性化的学习条件；搭建终身学习"立交桥"。促进各级各类教育纵向衔接、横向沟通，提供多次选择机会，满足个人多样化的学习和发展需要。健全宽进严出的学习制度，办好开放大学，改革和完善高等教育自学考试制度。建立继续教育学分积累与转换制度，实现不同类型学习成果的互认和衔接。

第八节　民 族 教 育

《教育大辞典民族卷》在阐释民族教育定义时认为"民族教育是中国少数民族教育的简称，特指除汉族以外，对其他55个民族实施的教育"。《国家中长期教育改革和发展规划纲要(2010～2020年)》提出，重视和支持民族教育事业，全面提高少数民族和民族地区教育发展水平。公共教育资源要向民族地区倾斜。中央和地方政府要进一步加大对民族教育支持力度，大力推进双语教学，加强教育对口支援。

第九节　特 殊 教 育

特殊教育是指运用特殊设备，采用特殊的教育教学方法，通过特殊的教育和教学，传授特殊设计的课程，促进特殊的儿童身心发展的活动。截至2011年，全国有特殊学校1767所，在校生人数398736人，教职工51189人，专任教师41311人。《国家中长期教育改革和发展规划纲要(2010～2020年)》提出，到2020年，基本实现市(地)和30万人口以上、残疾儿童少年较多的县(市)都有一所特殊教育学校。各级各类学校要积极创造条件接收残疾人入学，不断扩大随班就读和普通学校特教班规模。全面提高残疾儿童少年义务教育普及水平，加快发展残疾人高中阶段教育，大力推进残疾人职业教育，重视发展残疾人高等教育。因地制宜发展残疾儿童学前教育。

第十节　学历知识问答

1. 我国目前国民教育系列的高等教育学历分哪几个层次?

答:我国目前国民教育系列的高等教育学历分专科、本科、硕士研究生和博士研究生 4 个层次;从学历系列上讲,主要包括专科、本科、第二学士学位班、研究生班(目前已停办)、硕士研究生和博士研究生 6 个方面。此外,还包括 1970 ~ 1976 年普通高校举办的大学普通班。

2. 高等教育学历文凭主要有几种?

答:高等教育学历文凭主要有 3 种,即普通高等教育毕业(结业)证书、成人高等教育毕业(结业)证书、高等教育自学考试毕业(结业)证书。

3. 高等教育学历证书由谁发放?

答:高等教育学历证书是由经国家教育行政主管部门批准备案的独立设立的普通高等学校(含设在成人高等学校、军事院校中的普通班,提供现代远程教育的机构)、成人高等学校(即广播电视大学、职工高等学校、农民高等学校、管理干部学院、教育学院、独立设置的函授学院)、民办学历高校发给其所举办的高等学历教育的毕业生,以及由社会力量办学单位发给高等教育自学考试毕业生。

4. 什么是第二专业学历教育?

答:第二专业专科学历教育是为适应经济和社会发展对复合型人才的需求,满足从业人员拓宽知识、专业领域的要求而举办的成人继续教育。第二专业专科学历教育招收具有国民教育系列大学专科以上学历的从业人员,其工龄、年龄不予限制。报考第二专科学历教育的考生,报名时须向报考学校交验国民教育系列大学专科以上毕业证书原件或复印件,由省级招生机构审核认定。学生毕业时颁发国家承认的成人高等教育专科毕业证书。

5. 如何取得高等教育学历证书?

答:(1)参加全国普通高等学校招生统一入学考试,经省一级招生部门统一组织,由学生所报考的普通高校录取后正式取得学籍,进行全日制脱产学习。

(2)参加全国成人高等学校招生统一入学考试,经省一级招生部门统一组织,由学员所报考的成人高校或普通高校成人教育学院录取后正式取得学籍。主要学习方式:一是进入高校全日制脱产学习;二是进入高校以业余面授方式学习;三是进入普通高校设立的函授站以函授形式业余学习。

(3)参加省级教育行政部门统一组织的高等职业教育对口招生统一入学考试,经省招生部门统一组织,由对口招生学校录取后正式取得学籍,进行全日制脱产学习。

(4)参加高等教育自学考试,可以通过参加社会力量助学单位组织的辅导,定期参加自学考试管理部门统一组织的课程考试。

(5)参加省级教育行政部门组织的学历文凭入学考试(或由省级教育行政部门直接在当年普通高考录取分数线下确定学历文凭考试学校的录取线)并被实施学历文凭考试学校录取,取得正式学籍,进行全日制脱产学习。

(6)参加普通高等学校以现代远程教育形式举办的高等学历教育班,入学时只参加由招生学校组织的测试,经学校录取后,学员在学校设立的教学中心组班学习。

6. 什么是高等教育学历文凭考试?

答:高等教育学历文凭考试是国家对尚不具备颁发学历文凭资格的民办高校的学生组织的学历认定考试,是教育考试制度的组成部分,也是以学校办学和国家考试相结合、宽进严出、教考分离为特点的全日制高等学校教育。取得高等教育学历文凭考试试点资格的学校,可根据省级教育行政部门确定的招生专业和招生计划,在普通高考本专科录取线以下确定相应的录取分数线,或本校自行组织入学考试。取得学历文凭考试资格的学生,修完教学计划规定的全部课程(除30%的课程由所在学校自行命题组织考试外,其余70%的课程要参加高等教育自学考试,包括全国统考课、省统考课)和实践性教学环节,成绩合格,并经思想品德鉴定合格,由省考办核发国家承认的高等教育自学考试专科毕业证书,毕业证书由全国自考办统一印刷,在证书内芯上加盖试点学校印章。

7. 普通高等教育学历证书分几种?

答:普通高等教育学历证书分为毕业证书、结业证书、肄业证书3种。

8. 普通高等教育学历证书的颁发对象是什么?

答:普通高等教育学历证书的颁发对象为:研究生、本科生、专科生、第二学士学位班学生,列入普通高等教育招生计划的电视大学、函授大学、夜大学普通专科班学生。

9. 普通高等教育学历证书如何管理?

答:1993年以前,全国各地在普通高等教育学历证书管理方面的做法不尽一致。有的省、市、自治区和部委对其所属高校的学历证书统一印制或管理,有的则由高校自行印制或管理。由于没有对有关工作的统一要求,加之存在一些管理方面的漏洞,出现了一些办学单位违反国家政策滥办学和乱发文凭的事件,影响了高等教育的办学质量和社会声誉。另一方面,在客观上给不法分子伪造贩卖普通高等教育学历证书以可乘之机。

从1993年起,普通高等教育学历证书实行国家、省(自治区、直辖市)或国务院有关部门、学校3级管理。教育部(原国家教委)对地区、部门按招生计划及实际毕业(结业)人数进行总量控制,统一印制普通高等学校毕业和结业证书或证书的内芯;制定有关学历证书的管理规定和实施办法;对学生的毕业(结业)资格审查和证书的办法工作进行检查、监督。2000年,教育部开始建立普通高等教育学历证书电子注册制度,此项改革将使教育部不再统一印制高等教育学历证书内芯,改由高等学校自行印制,但必须进行电子注册,并供网上查询。2000年在北京、天津、辽宁、湖北、重庆五省市试点,2001年在全国实行各类高等教育学历证书电子注册制度。

10. 国家予以承认的高等教育学历证书有哪些?

答:经国家教育主管部门批准具有举办学历教育资格的普通高等学校(含培养研究生的科研单位)、成人高等学校、民办学历学校所颁发的学历证书,国家予以承认。另外,通过自学考试、由国务院自学考试委员会授权各省(自治区、直辖市)自学考试委员会颁发的自学考试毕业证书,经国家教育主管部门批准在党校、成人高校、军事院校设立的全日制普通班中就读的学生所取得的毕业证书,学历文凭考试学校颁发的毕业证书,普通高等学校以远程教育形式举办的高等学历教育所颁发的毕业证书,以及符合《中国人民解放军院校学历证书管理暂行规定》所颁发的学历证书,国家同样予以承认。教育部决定从2001年开始,我国高等教育学历证书的管理实行电子注册制度,并委托全国高校学生信息咨询与就业指导中心负责学历电子注册审核、备案的技术性、事务性和网上查询、认证服务工作,2001年以后的学历证书可以在中心注册的中国高等教育学生信息网(www. chsi. com. cn)上查询,此外中心还提供学历证书认证服务,经认证的学历证书可在中心注册的网上查询。

11. 什么是学位?

答:学位是标志被授予者的受教育程度和学术水平达到规定标准的学术称号。我国学位分学士、硕士、博士3级;"博士后"不是学位,而是指获准进入博士后科研流动站从事科学研究工作的博士学位获得者。

学士学位,由国务院授权高等学校授予,硕士学位、博士学位由国务院授予的高等学校和科研机构授予。高等学校本科毕业生,成绩优良,达到规定的学术水平者,授予学士学位;高等学校和科研机构的研究生,或具有研究生毕业同等学力的人员,通过硕士(博士)学位的课程考试和论文答辩,成绩合格,达到规定的学术水平者,授予硕士(博士)学位。授予学位的高等学校和科学研究机构,在学位评定委员会做出授予学位的决议后,发给学位获得者相应的学位证书。

对于国内外卓越的学者或著名的社会活动家,经学位授予单位提名,国务院学位委员会批准,可以授予名誉博士学位。

12. 学位与学历的联系与区别是什么?

答:学位不等同于学历,获得学位证书而未取得学历证书者仍为原学历。取得硕士学位或博士学位证书的,却不一定能够获得硕士研究生或博士研究生毕业证书;而取得大学本科毕业证书的,却不一定能够获得学士学位证书。现在经常出现将学位与学历相混淆的现象,如有的人学历为本科毕业,以后通过在职人员学位申请取得了博士学位,这时,学历仍为本科,而不能称之为取得"博士学历"。

在职申请学位不是学历教育。申请人在获得学位后,只表明其在学术上已达到硕士学位的学术水平,具有硕士学位毕业研究生的同等学力(学习能力的"力"),不涉及学历。因此,申请人的学历并没有改变,也不能获得硕士研究生毕业证书。

在职研究生则是国家计划内,以在职人员身份,部分时间在职工作,部分时间在校学习的研究生教育的一种类型。在职研究生在报名、考试要求及录取办法方面与脱产研究生相同。是经过学校录取的正式研究生,可获得研究生毕业的学历。

第五章 自我定位

孙子曰:“知己知彼,百战不殆”。如果我们能够了解自己的身体、心理,兴趣、情绪、优势,发现自我,并开始思考,我们就会懂得自己,适应环境进行正确的自我定位。

第一节 自我探索——价值观探索

面对不断发展的就业形势,我们有必要对自身进行认识与了解,找出自己感兴趣的领域,确定其优势所在,明确自我人生目标,即给自我定位。自我定位,规划人生,就是明确自己“我能干什么?”、“社会可以提供给我什么机会?”、“我选择干什么?”等问题,使理想可操作化,为介入社会提供明确方向。

一、自我认识的维度和方法

(一)认识自我

认识自我是良好心理素质的体现,也是心理健康的标志。自我意识是人对自己与周围世界的认识、体验和评价。从青春期走向成年期是一个人转变的重要时期,也是人的自我意识发展并走向完善的重要时期。

我是谁? 我是否有价值? 我为什么要生活? 我努力奋斗为的是什么? 生命的意义是什么? 人生的目的是什么? 在我们的成长中各类困惑的背后往往都是这些千百年来哲人思想家尝试为人类寻求答案的关于自我认识的问题。早在古希腊时期,“认识你自己”这句刻在神庙上的名言就激励着人们不断探索自我、实践自我、超越自我,而对于处在青年期的我们来说,“自我”更是应积极关注的课题。

人最好的朋友是自己,最大的敌人也是自己。我们时刻都在与自己相处。如果一个人能够认识自己并能接纳自己,对自己有合理的期望,而且知道自己为什么而活着,善于利用每个成长机会,改进自己、完善自己,他的一生就会快乐、充实和有意义。而人如果未能建立良好的自我形象,就会产生一种角色混淆的感觉。他会不知道自己是谁,也不知道自己属于谁,与人愉快相处也会变得困难。

1. 什么是自我意识

自我又称自我意识,就是一个人对自己以及自己和他人关系的意识。它是意识的一种,也是人的意识的一个重要特征,是一个人在社会化过程中逐步形成和发展起来的,对自我以及自己与周围环境关系的多方面多层次的认知、体验和评价,是个体关于自我全部的思想、情感和态度的总和。自我意识具有目的性、社会性、能动性等特点,对个性的形成、发展起着调节、监督、校正的作用。自我意识的表现形式是丰富多样的。因此,我们可以通过多种途径来认识自己、认识别人。

2. 认识自我的维度

自我意识具有复杂的心理结构,可以分为生理我、社会我和心理我 3 方面的内容。

(1)生理我。个体对自身生理状态的认识和评价。指对自己身高、体重、容貌、身材、性别等的认识以及生理病痛、温饱饥饿、劳累疲乏的感受等。生理我使一个人把自我和非我区别开来,意识到自己的生存是寄托在自己的躯体上的。生理我是自我意识中最基本的内容,是其他自我内容的基础。认识自我最早是从认识生理我开始的,照镜子、体检、运动都是认识生理我的具体途径。如果一个人对自己的生理自我不能接纳,嫌自己个子矮、不漂亮、身材差,就会讨厌自己,表现出自卑的心理,缺乏自信。

(2)心理我。个体对自身心理状态的认识和评价。指对自己知识、能力、情绪、兴趣、爱好、性格、气质等的认识和体验。如果一个人对自己的心理自我评价低,嫌自己能力差、智商不高、情绪起伏太大、自制力差等,就会否定自己,它使人能认识并体验到内心进行的心理活动。心理我决定了个体的个别性与通融性。它意味着每个自我都是独一无二的,不可由他人代替,每个人必须体现自我生存的意义,必须独立自主,不断探索创新,让世界因为有你的存在、你的创造而更加丰富多彩。

(3)社会我。个体对自己与周围关系的认识与评价。指对自己在群体中的地位、作用以及自己和他人相互关系的认识、评价和体验。如果一个人认为周围的人不喜欢自己,不接纳自己,找不到知心朋友,就会感到很孤独、寂寞。社会我意味着不同的个体之间的相互联系、了解与共处。例如,一位高中生,在学校里,他要意识到自己是一位学生,要读书学习,明确作为学生的责任与义务;在家里,他要意识到不同于学生的责任与义务。人们通过家庭生活、工作事业、社团活动、人际交往中所充当的社会角色来认识自我、发展自我,所充当的社会角色越多,自我的内涵就越丰富。所以一个人越敢于承担社会责任,越善于宽容理解、与人合作,他的社会我就会越完善;一个人离开了他所承担的具体的社会角色,就无法认识到社会我的存在,就无法找到个体生存的社会意义。

处于青春期的青少年,自我意识正在开始迅速地发展起来,像青春期的男孩、女孩变得特别喜欢照镜子,特别在乎别人的评价,强烈地想知道"我是谁"。生理上,"第二性征"正在出现一些微妙的变化,他们很想揭开这个神秘的面纱;心理上,他们经常无端地产生一些莫名其妙的烦恼和惆怅,女同学变得多愁善感,男同学则表现出更明显的"叛逆性"。在家里,他们希望父母把他们当做大人来对待;在学校,他们渴望老师和同学的关注与尊重;在社会上,他们生平第一次如此强烈地渴望得到友谊、渴望与人交往、渴望参与社会,承担起社会责任。

总之,自我就是一个人对自己3个"我"的意识及观念系统,它是稳定的,但它又在不断的发展变化中。自我的稳定性也称为自我的同一性,著名心理学家艾里克森认为,同一性问题是青少年的核心问题。主要表现为生理我、社会我和心理我的相生、相融、相励的关系。若3个"我""打架",便会造成自我的"同一性危机",严重的还会导致人格分裂。艾里克森曾经说过:"在人类的生活中,有一个自然的迁移时期:青春期。恰似空中飞人一般,年轻人在剧烈的运动中间,必须撒手童年期的一头,伸手去紧紧抓住成年期的一头。"自我同一性其实就是连接儿童期和成年期的绳索,如果你能获得自我同一性这根绳索,那么,你将顺利渡过充满危机的青春期,否则,就会陷入自我的迷宫,不知道"我是谁",不了解"我要做什么",不明白"我要成为怎样的人"。

自我的稳定是相对的,是在一定历史、文化、社会和时代背景下的人的丰富的生命与心理潜能的暂时实现。自我的本质是变化与发展的,生理我会有成熟的极限,但社会我、心理我的发展没有极限,它们真正决定着自我的本质特征和发展水平。换句话说,正是社会我特别是心理我的不断变化，决定着自我的不断变化，我们就是要在这种变化中，不断地认识自我、突破自我、发展自我。

那么，应该如何去认识和发展自我呢？青少年朋友们不妨试试下面的方法。首先，可以从3方面去认识自我：通过别人的评价来认识自我；通过反省来认识自我；通过观察自己活动的结果来认识自我。具体的做法是根据以上认识自我的途径，分别用"在父母眼里，我是一个……的人"、"在老师眼里，我是一个……的人"、"在同学眼里，我是一个……的人"、"我自己认为我是一个……的人"、"我之所以成功或失败是因为我是一个……的人"等句式来描绘自我，注意，描绘一定要认真、真实。然后，根据你现在对自我的认识，假想一下10年、20年、30年后你的发展状况。

(二)认识自我的常用方法

1. 自我反省法

古人有云："日省其身，有则改之，无则加勉。"(《四书集注》)孔子的学生曾子也曾说到"吾日三省吾身"。对你来说，自省是否真的也那么重要呢？

真正的"自省"，不仅是思想上意识到，口头表达出来，更重要的是要在行动中有所改变。因此，"自省"不但是认识自我的方法，也是自我意识能动性的具体表现，是行之有效的提升自我的方法。经常自我反省的人才能更快地获得进步。

如何自我反省呢？人们自我反省往往是从行为的反省开始，但却最终会归纳到自己的思想、态度和不合理的动机和信念上。

2. 360°评估法

360°评估法又称"全方位评价法"，最早是由英特尔公司提出用来考察员工绩效的方法，即全方位地从员工自己、上司、直接部署、同事甚至顾客等各个角度来了解个人的绩效。该方法对全面认识自我也非常有效。评估者要对个人进行优缺点全方位评估，作为学生可以理解为其中包括你对自己进行的上述评估，你的老师们对你的评估，还有你的朋友、家人给予你的评价及其他社会关系给予你的评估等，可见这是一套全方位的评估方法。

以下是某一个学生的360°评估具体案例，见表5-1。

360° 评 估 表 表5-1

评估对象	评价	
	优点	缺点
自我整体评价	1. 生活积极乐观、自信； 2. 组织管理能力不错； 3. 知识面广，自学能力强； 4. 注重人际关系建设； 5. 有较强的创新和突破欲望	1. 有时候对自己要求苛刻； 2. 做事不够细心； 3. 容易忽略别人的感受； 4. 承受挫折能力不强； 5. 不够成熟稳重
同学朋友评价	1. 博学、视野开阔； 2. 对人诚恳，乐于助人； 3. 实践能力强，善于管理； 4. 对专业酷爱，文章写得不错	1. 有时容易长篇大论； 2. 唱歌不好听； 3. 不太讲究个人服饰

续上表

评估对象	评价	
	优点	缺点
老师领导评价	1. 工作认真负责，有正义感； 2. 思维清晰严密，文笔流畅； 3. 学习兴趣浓厚，愿意钻研； 4. 基础知识扎实，成绩良好	1. 太注重考试成绩； 2. 对数学缺乏钻研精神； 3. 遇到重要问题过于焦虑； 4. 在课堂提问打断老师
父母家人评价	1. 比较争气，学习主动； 2. 热爱读课外书，知识面较广； 3. 生活朴素，不与人攀比； 4. 关心家里，弟妹的榜样	1. 家务做得少； 2. 出外旅游、买书花钱多； 3. 学生工作多，学习分心； 4. 脾气有时候很倔强

3. 橱窗分析法

认识自我，了解自我是非常不易之事，心理学家为了更加直观地了解个人，曾把自我的认知比成4个橱窗，见图5-1及表5-2。

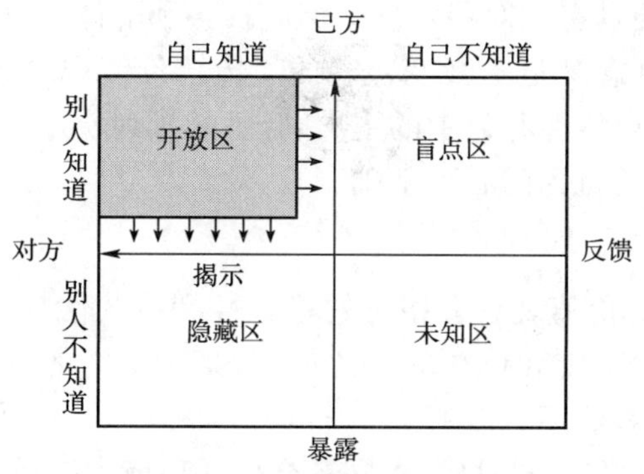

图5-1　自我认知橱窗示意图

自我认知橱窗分析表　　表5-2

橱窗	内容	解释
1	开放区	为自己知道，别人也知道的部分，属于个人展现在外，无所隐藏的部分
2	隐藏区	为自己知道，别人不知道的部分，属于个人内在的、私有秘密的部分
3	盲点区	为自己不知道，别人知道的部分，犹如一个人的背部，自己看不到，别人却看得清清楚楚
4	未知区	为自己不知道，别人也不知道的部分，是有待开发的部分

通过4个橱窗内容可知，我们要深入了解的是橱窗3和橱窗4。

橱窗3是"盲点区"。如果自己诚恳地、真心实意地征询他人的意见和看法，就不难了解"盲点区"。我们可以采取同自己的家人、朋友、同事等交流的方式，还可以借助录音、录像设备等方式。

橱窗4是"未知区"。据科学家研究发现，每个人都有巨大的潜能，人类平常只发挥了极小部分的大脑功能。如果一个人能发挥一半的大脑功能，将轻易地学会40种语言，背整套百科全书，拿12个博士学位。著名心理学家奥托指出，一个人一生所发挥出来的能力，只占他全部能力的4%,也就是说一个人96%的能力还未开发。由此可见,认识、了解“潜在我”,是自我认识的重点之一,开发个人潜力也是个人生涯发展的重要任务之一。

对于橱窗2,我们可以采取撰写日记的方式来了解自我。撰写日记,可以了解我们自身成长的大致经历和自我计划情况等。日记可以帮助我们对每天的经历予以记录对比,也可以了解一些侧面的信息。

当然,认识自我的方法很多,如还可以通过“职业测评法、专家咨询法”等方法来了解自我。请同学们首先通过以上列举的一些途径,对自己的职业兴趣、职业性格、职业能力和职业价值观作一番探讨,然后以“真实的我”为题写一篇自我分析的文章,字数不限。

二、职业价值观

(一)价值观

价值观是指一个人对周围的客观事物(包括人、事、物)的意义、重要性的总评价和总看法,是我们在生活和工作中所看重的原则、标准或品质,它指向我们一生中最重要的东西,因此它也是一套自我激励机制。一方面表现为价值取向、价值追求,凝结为一定的价值目标;另一方面表现为价值尺度和准则,成为人们判断价值事物有无价值及价值大小的评价标准。个人的价值观一旦确立,便具有相对稳定性。但就社会和群体而言,由于人员更替和环境的变化,社会或群体的价值观念又是不断变化着的。传统价值观念会不断地受到新价值观的挑战。对诸事物的看法和评价在心目中的主次、轻重的排列次序,构成了价值观体系。价值观和价值观体系是决定人的行为的心理基础。

1. 特点

(1)稳定性和持久性。价值观具有相对的稳定性和持久性。在特定的时间、地点、条件下,人们的价值观总是相对稳定和持久的。比如,对某种事物的好坏总有一个看法和评价,在条件不变的情况下这种看法不会改变。

(2)历史性与选择性。在不同时代、不同社会生活环境中形成的价值观是不同的。一个人的价值观是从出生开始,在家庭和社会的影响下,逐步形成的。一个人所处的社会生产方式及其所处的经济地位,对其价值观的形成有决定性的影响。当然,报刊、电视和广播等宣传的观点以及父母、老师、朋友和公众名人的观点与行为,对一个人的价值观也有不可忽视的影响。

(3)主观性。指用以区分好与坏的标准,是根据个人内心的尺度进行衡量和评价的,这些标准都可以称为价值观。

2. 作用

价值观对人们自身行为的定向和调节起着非常重要的作用。价值观决定人的自我认识,它直接影响和决定一个人的理想、信念、生活目标和追求方向的性质。价值观的作用大致体现在以下两个方面:

(1)价值观对人的行为动机有导向的作用,人们行为的动机受价值观的支配和制约,价值观对动机模式有重要影响,在同样的客观条件下,具有不同价值观的人,其动机模式不同,产生的行为也不相同。动机的目的方向受价值观的支配,只有那些经过价值判断被认为是可取的,才能转换为行为的动机,并以此为目标引导人们的行为。

(2)价值观反映人们的认知和需求状况,价值观是人们对客观世界及行为结果的评价和看法,因而它从某个方面反映了人们的人生观和世界观,反映了人的主观认知世界。

3. 价值观的重要性

(1)价值观思想认识上的统一是人际关系的基石。

(2)价值观利益上的互动和协调是人际关系的核心。

(3)价值观信息上的沟通是健康人际关系形成的关键。

(4)价值观实践上的一致是人际关系的保证。

(二)价值观在职业生涯规划中的应用

1. 为什么要考虑价值观

价值观在人们的职业生涯发展中起到极其重要的、决定方向性的作用,甚至超过了兴趣和性格对我们的影响。当我们有矛盾冲突、妥协与放弃时,常常也是出于价值观的考虑。以鲁迅为例,弃医从文价值观与职业价值观的澄清有助于大家找到自己的动力,让生命的活水源源不绝,让人生变得充盈、欢畅,意趣无穷。价值观是从出生开始,在家庭和社会的影响下逐渐形成的。它包括内容和强度两种属性。

美国心理学家洛克奇于1973年《人类价值观的本质》中,提出12种价值观:①成就感;②美感的追求;③挑战;④健康;⑤收入与财富;⑥独立性;⑦爱、家庭、人际关系;⑧道德感;⑨欢乐;⑩权力;⑪安全感;⑫自我成长。

参照以上12种价值观,挑选出其中5种对你来说最重要的价值观,分别写在5张小纸条上。在反面给每一条对你来说很重要的价值观下定义,即:要达到什么样的水平你才能满意?现在,如果你不得不放弃其中的一条,你会放弃哪一条?将你准备放弃的这一条与其他人交换。现在,如果你不得不继续放弃剩下4条中的一条,你会放弃哪一条?再次与其他人交换。(保留刚才别人给你的,放在一边。)继续下去,直到最后一条。这是否是你无论如何也不愿放弃的。

2. 思考

(1)通过这个活动,你对于自己的价值观有怎样的了解?

(2)你的价值观会对你的职业选择和人生产生怎样的影响?

(3)其他人的价值观会对你的生活造成怎样的影响?

3. 职业价值观的含义

职业价值观也叫工作价值观,是价值观在所从事的职业上的体现,是人们对待职业的一种信念和态度,或者在职业生涯中表现出来的一种价值取向。职业价值观表明了一个人通过工作所要追求的理想是什么,是为了财富,还是为了地位或其他因素。

4. 职业价值观的作用

俗话说:“人各有志。”这个“志”表现在职业选择上就是职业价值观,它是一种具有明确的目的性、自觉性和坚定性的职业选择的态度和行为,对一个人职业目标和择业动机起着决定性的作用。

由于个人的身心条件、年龄阅历、教育状况、家庭和环境影响以及兴趣爱好的不同,人们对各种职业的主观评价也不同。不同的人由于价值观不同,因而对具体职业和岗位的选择也就不同。如有人喜欢同人打交道的职业,有人喜欢同物打交道的职业,有人喜欢充满挑战的职业,有人喜欢安全平稳的职业等。不同的人喜欢不同的职业,正是职业价值观的体现。

各类职业在人们心目中的声望地位便也有好坏高低之见，这些评价都形成了人的职业价值观，并影响着人们对就业方向和具体职业岗位的选择。因此，认真分析和了解个人的职业价值观，对正确的给自己职业定位、职场生涯规划有重要的意义。

每种职业都有各自的特性，不同的人对职业意义的认识，对职业好坏有不同的评价和取向，这就是职业价值观。职业价值观决定了人们的职业期望，影响着人们对职业方向和职业目标的选择，决定着人们就业后的工作态度和劳动绩效水平，从而决定了人们的职业发展情况。

价值观在生涯规划中的应用，还体现在个人价值观与机构价值观（企业文化）的适配。

妥协与放弃：个人相互矛盾的价值观、与他人的冲突与兴趣能力的统一等方面。而且很少有工作能够完全满足一个人所有的重要价值观，生活中也是如此。因此，我们总是要不断地做出妥协和放弃，它们是不可避免也是必要的。所以我们需要对自己的价值观进行澄清和排序，才能知道如何取舍。

第二节　自我探索——性格、兴趣探索

选择了一种职业，意味着选择了一种生活方式，选择了一种人生状态。

在个人的职业发展上，我们总是过多地把目光投向外部资源，却往往忽视了对自身固有资源——职业性格的开发与整合。本节从为什么要了解职业性格入手，着重分析职业性格特质和职业性格功能。性格特质更具先天遗传和早年影响色彩，具有不可改变或难以改变的性质，而一个人在自己的性格功能上，却大有自我塑造的余地和空间。

一、性格的概念

性格是人对现实的态度和行为方式中较稳定的个性心理特征，是个性的核心部分，最能表现个别差异。具有复杂的结构，大体包括：

（1）对现实和自己的态度的特征，如诚实或虚伪、谦逊或骄傲等。

（2）意志特征，如勇敢或怯懦、果断或优柔寡断等。

（3）情绪特征，如热情或冷漠、开朗或抑郁等。

（4）情绪的理智特征。如思维敏捷、深刻、逻辑性强或思维迟缓、浅薄、没有逻辑性等。在对人、对事的态度和行为方式上所表现出来的心理特点：如开朗、刚强、懦弱、粗暴等。

性格是一个人在对现实的稳定的态度和习惯了的行为方式中表现出来的人格特征，性格是在后天社会环境中逐渐形成的，是人的核心的人格差异。性格有好坏之分，能最直接地反映出一个人的道德风貌。

二、职业性格测试

“我性格内向/外向，适合什么工作？”“哪些职业正好匹配我的性格？”“以我的个性从事什么行业好？”“我性格中的优势和劣势是什么？”“我是不是该继续现在从事的职业？”不论是正待走进职场的毕业生，还是工作了一段时间的人，面对这类问题都会感到困惑——性格因素和职业选择之间到底存在什么样的关联呢？

1. MBTI 职业性格测试题

国际最为流行的职业人格评估工具 MBTI 从 4 个维度考察个人的偏好，分析心理 4 种

类型及职业。MBTI倾向显示了人与人之间的差异,而这些差异产生于他们把注意力集中在何处,从哪里获得动力(外向、内向);他们获取信息的方式(实感、直觉);他们做决定的方法(思维、情感);他们对外在世界如何取向;通过认知的过程或判断的过程(判断、知觉)等。

MBTI测试前须知:

(1)请根据第一感觉,诚实、独立地回答问题,只有如此,才能得到有效的结果。

(2)《性格分析报告》展示的是你的性格倾向,而不是你的知识、技能、经验。

(3)MBTI提供的性格类型描述仅供测试者确定自己的性格类型之用,性格类型没有好坏,只有不同。每一种性格特征都有其价值和优点,也有缺点和需要注意的地方。清楚地了解自己的性格优劣势,有利于更好地发挥自己的特长,而尽可能的在为人处事中避免自己性格中的劣势,更好地和他人相处,更好地作重要的决策。

(4)本测试分为4部分,共93题;需时约18min。所有题目没有对错之分,请根据自己的实际情况选择。将你选择的A或B所在的○涂黑,例如:●。

只要你是认真、真实地填写了测试问卷,那么通常情况下你都能得到一个确实和你的性格相匹配的类型。希望你能从中或多或少地获得一些有益的信息。

①哪一个答案最能贴切的描绘你一般的感受或行为,见表5-3。

人格测定量表之1

表5-3

序号	问题描述	选项	E	I	S	N	T	F	J	P
1	当你要外出一整天,你会 A 计划你要做什么和在什么时候做; B 说去就去	A							○	
		B								○
2	你认为自己是一个 A 较为随兴所至的人; B 较为有条理的人	A								○
		B							○	
3	假如你是一位老师,你会选教 A 以事实为主的课程; B 涉及理论的课程	A			○					
		B				○				
4	你通常 A 与人容易混熟; B 比较沉静或矜持	A	○							
		B		○						
5	一般来说,你和哪些人比较合得来? A 富于想象力的人; B 现实的人	A				○				
		B			○					
6	你是否经常让 A 你的情感支配你的理智; B 你的理智主宰你的情感	A						○		
		B					○			
7	处理许多事情上,你会喜欢 A 凭兴趣所至行事; B 按照计划行事	A								○
		B							○	

续上表

序号	问 题 描 述	选项	E	I	S	N	T	F	J	P
8	你是否 A 容易让人了解； B 难于让人了解	A	○							
		B		○						
9	按照程序表做事 A 合你心意； B 令你感到束缚	A							○	
		B								○
10	当你有一份特别的任务，你会喜欢 A 开始前小心组织计划； B 边做边找需做什么	A							○	
		B								○
11	在大多数情况下，你会选择 A 顺其自然； B 按程序表做事	A								○
		B							○	
12	大多数人会说你是一个 A 重视自我隐私的人； B 非常坦率开放的人	A		○						
		B	○							
13	你宁愿被人认为是一个 A 实事求是的人； B 机灵的人	A			○					
		B				○				
14	在一大群人当中，通常是 A 你介绍大家认识； B 别人介绍你	A	○							
		B		○						
15	你会跟哪些人做朋友？ A 常提出新主意的； B 脚踏实地的	A				○				
		B			○					
16	你倾向 A 重视感情多于逻辑； B 重视逻辑多于感情	A						○		
		B					○			
17	你比较喜欢 A 静观事情发展才作计划； B 很早就作计划	A								○
		B							○	
18	你喜欢花很多的时间 A 一个人独处； B 与别人在一起	A		○						
		B	○							
19	与很多人一起会 A 令你活力倍增； B 常常令你心力交瘁	A	○							
		B		○						

续上表

序号	问题描述	选项	E	I	S	N	T	F	J	P
20	你比较喜欢 A 很早便把约会、社交聚集等事情安排妥当; B 无拘无束,看当时有什么好玩就做什么[U8]	A							○	
		B								○
21	计划一个旅程时,你较喜欢 A 大部分的时间都是跟当天的感觉行事; B 事先知道大部分的日子会做什么[U9]	A								○
		B							○	
22	在社交聚会中,你 A 有时感到郁闷; B 常常乐在其中	A		○						
		B	○							
23	你通常 A 和别人容易混熟; B 趋向自处一隅	A	○							
		B		○						
24	哪些人会更吸引你? A 一个思维敏捷及非常聪颖的人; B 实事求是,具丰富常识的人	A				○				
		B			○					
25	在日常工作中,你会 A 颇为喜欢处理迫使你分秒必争的突发; B 通常预先计划,以免要在压力下工作	A								○
		B							○	
26	你认为别人一般 A 要花很长时间才认识你; B 用很短的时间便认识你	A		○						
		B	○							

②在下列每一对词语中,哪一个词语更合你心意?请仔细想想这些词语的意义,而不要理会他们的字形或读音,见表5-4。

人格测定量表之2

表5-4

序号	问题描述	选项	E	I	S	N	T	F	J	P
27	A 注重隐私; B 坦率开放	A		○						
		B	○							
28	A 预先安排的; B 无计划的	A							○	
		B								○
29	A 抽象; B 具体	A				○				
		B			○					
30	A 温柔; B 坚定	A						○		
		B					○			
31	A 思考; B 感受	A					○			
		B						○		
32	A 事实; B 意念	A			○					
		B				○				

续上表

序号	问 题 描 述	选项	E	I	S	N	T	F	J	P
33	A 冲动； B 决定	A								○
		B							○	
34	A 热衷； B 文静	A	○							
		B		○						
35	A 文静； B 外向	A		○						
		B	○							
36	A 有系统； B 随意	A							○	
		B								○
37	A 理论； B 肯定	A				○				
		B			○					
38	A 敏感； B 公正	A						○		
		B					○			
39	A 令人信服； B 感人的	A					○			
		B						○		
40	A 声明； B 概念	A			○					
		B				○				
41	A 不受约束； B 预先安排	A								○
		B							○	
42	A 矜持； B 健谈	A		○						
		B	○							
43	A 有条不紊； B 不拘小节	A							○	
		B								○
44	A 意念； B 实况	A				○				
		B			○					
45	A 同情怜悯； B 远见	A						○		
		B					○			
46	A 利益； B 祝福	A					○			
		B						○		
47	A 务实的； B 理论的	A			○					
		B				○				
48	A 朋友不多； B 朋友众多	A		○						
		B	○							
49	A 有系统； B 即兴	A							○	
		B								○
50	A 富想象的； B 以事论事	A				○				
		B			○					

续上表

序号	问 题 描 述	选项	E	I	S	N	T	F	J	P
51	A 亲切的； B 客观的	A						○		
		B					○			
52	A 客观的； B 热情的	A					○			
		B						○		
53	A 建造； B 发明	A			○					
		B				○				
54	A 文静； B 爱合群	A		○						
		B	○							
55	A 理论； B 事实	A				○				
		B			○					
56	A 富同情； B 合逻辑	A						○		
		B					○			
57	A 具分析力； B 多愁善感	A					○			
		B						○		
58	A 合情合理； B 令人着迷	A			○					
		B				○				

③哪一个答案最能贴切地描绘你一般的感受或行为，见表 5-5。

人格测定量表之 3

表 5-5

序号	问 题 描 述	选项	E	I	S	N	T	F	J	P
59	当你要在一个星期内完成一个大项目，你在开始的时候会： A 把要做的不同工作依次列出； B 马上动工	A							○	
		B								○
60	在社交场合中，你经常会感到： A 与某些人很难打开话匣儿和保持对话； B 与多数人都能从容地长谈	A		○						
		B	○							
61	要做许多人也做的事，你比较喜欢： A 按照一般认可的方法去做； B 构想一个自己的想法	A			○					
		B				○				
62	你刚认识的朋友能否说出你的兴趣？ A 马上可以 B 要待他们真正了解你之后才可以	A	○							
		B		○						
63	你通常较喜欢的科目是： A 讲授概念和原则的； B 讲授事实和数据的	A				○				
		B			○					

续上表

序号	问题描述	选项	E	I	S	N	T	F	J	P
64	哪个是较高的赞誉,或称许为: A 一贯感性的人; B 一贯理性的人	A						○		
		B					○			
65	你认为按照程序表做事: A 有时是需要的,但一般来说你不大喜欢这样做; B 大多数情况下是有帮助而且是你喜欢做的	A								○
		B							○	
66	和一群人在一起,你通常会选: A 跟你很熟悉的个别人谈话; B 参与大伙的谈话	A		○						
		B	○							
67	在社交聚会上,你会: A 是说话很多的一个; B 让别人多说话	A	○							
		B		○						
68	把周末期间要完成的事列成清单,这个主意会: A 合你意; B 使你提不起劲	A							○	
		B								○
69	哪个是较高的赞誉,或称许为: A 能干的; B 富有同情心	A					○			
		B						○		
70	你通常喜欢: A 事先安排你的社交约会 B 随兴之所至做事	A							○	
		B								○
71	总的说来,要做一个大型作业时,你会选: A 边做边想该做什么 B 首先把工作按步骤细分	A								○
		B							○	
72	你能否滔滔不绝地与人聊天: A 只限于跟你有共同兴趣的人 B 几乎跟任何人都可以	A		○						
		B	○							
73	你会: A 跟随一些证明有效的方法; B 分析还有什么毛病,及针对尚未解决的难题	A			○					
		B				○				
74	为乐趣而阅读时,你会: A 喜欢奇特或创新的表达方式; B 喜欢作者直话直说	A				○				
		B			○					
75	你宁愿替哪一类上司(或者老师)工作: A 天性淳良,但常常前后不一的; B 言词尖锐但永远合乎逻辑的	A					○			
		B				○				

续上表

序号	问　题　描　述	选项	E	I	S	N	T	F	J	P
76	你做事多数是： A 按当天心情去做； B 照拟好的程序表去做	A								○
		B							○	
77	你是否： A 可以和任何人按需求从容地交谈； B 只是对某些人或在某种情况下才可以畅所欲言	A	○							
		B		○						
78	要作决定时，你认为比较重要的是： A 据事实衡量； B 考虑他人的感受和意见	A					○			
		B						○		

④在下列每一对词语中，哪一个词语更合你心意，见表5-6。

人格测定量表之4

表5-6

序号	问　题　描　述	选项	E	I	S	N	T	F	J	P
79	A 想象的； B 真实的	A				○				
		B			○					
80	A 仁慈慷慨的； B 意志坚定的	A						○		
		B					○			
81	A 公正的； B 有关怀心	A					○			
		B						○		
82	A 制作； B 设计	A			○					
		B				○				
83	A 可能性； B 必然性	A				○				
		B			○					
84	A 温柔； B 力量	A						○		
		B					○			
85	A 实际； B 多愁善感	A					○			
		B						○		
86	A 制造； B 创造	A			○					
		B				○				
87	A 新颖的； B 已知的	A				○				
		B			○					
88	A 同情； B 分析	A						○		
		B					○			
89	A 坚持己见； B 温柔有爱心	A					○			
		B						○		
90	A 具体的； B 抽象的	A			○					
		B				○				

续上表

序号	问 题 描 述	选项	E	I	S	N	T	F	J	P
91	A 全心投入； B 有决心的	A						○		
		B					○			
92	A 能干； B 仁慈	A					○			
		B						○		
93	A 实际； B 创新	A			○					
		B				○				
每项总分										

其中，字母代表如下：

精力支配：外向 E—内向 I；认识世界：实感 S—直觉 N；判断事物：思维 T—情感 F；生活态度：判断 J—知觉 P；其中两两组合，可以组合成 16 种人格类型。

⑤MBTI 人格测定量表答案（计分方法）。

MBTI 测验根据 4 个维度对人进行分类：精力来源，由此分为内向（用字母 I 表示）和外向（用字母 E 表示）两种类型；感知世界的倾向，由此分为感觉（用字母 S 表示）和直觉（用字母 N 表示）两种类型；判断决策的倾向，由此分为思考（用字母 T 表示）和情感（用字母 F 表示）两种类型；生活方式倾向，由此分为判断（用字母 J 表示）和感知（用字母 P 表示）两种类型。四个维度组合后形成了十六种性格类型。打分时，每个维度有两项，看哪个分数多，就选哪个，最终从 4 个维度打分最高的 4 项，组合成 16 种类型。再对照每种类型的解释，予以参考。

a. 判断/知觉：

项目：1、4、12、14、20、28、36、41、64、76、86 选择 A，判断（J）得 1 分；

项目：8、17、24、55、59、78、80、84、88、90、93 选择 B，判断（J）得 1 分；

项目：1、4、12、14、20、28、36、41、64、76、86 选择 B，知觉（P）得 1 分；

项目：8、17、24、55、59、78、80、84、88、90、93 选择 A，知觉（P）得 1 分。

b. 思维/情感：

项目：31、33、35、43、45、47、49、56、58、61、66、75、87 选择 A，思维（T）得 1 分；

项目：6、15、21、29、37、40、51、53、70、72、89 选择 B，思维（T）得 1 分；

项目：31、33、35、43、45、47、49、56、58、61、66、75、87 选择 B，情感（F）得 1 分；

项目：6、15、21、29、37、40、51、53、70、72、89 选择 A，情感（F）得 1 分。

c. 感觉/直觉：

项目：2、9、25、30、34、39、50、52、54、60、63、73、92 选择 A，感觉（S）得 1 分；

项目：5、11、18、22、27、44、46、48、65、67、69、71、82 选择 B，感觉（S）得 1 分；

项目：2、9、25、30、34、39、50、52、54、60、63、73、92 选择 B，直觉（N）得 1 分；

项目：5、11、18、22、27、44、46、48、65、67、69、71、82 选择 A，直觉（N）得 1 分。

d. 外倾/内倾：

项目：3、7、10、19、23、32、62、74、79、81、83 选择 A，外倾（E）得 1 分；

项目：13、16、26、38、42、57、68、77、85、91 选择 B，外倾（E）得 1 分；

项目：3、7、10、19、23、32、62、74、79、81、83 选择 B，内倾（I）得 1 分；

项目:13、16、26、38、42、57、68、77、85、91 选择 A,内倾(I)得 1 分。

MBTI 可以帮助解释为什么不同的人对不同的事物感兴趣、擅长不同的工作、并且有时不能互相理解。这个工具已经在世界上运用了将近 30 年的时间,夫妻利用它增进融洽、老师学生利用它提高学习、授课效率,青年人利用它选择职业,组织利用它改善人际关系、团队沟通、组织建设、组织诊断等多个方面。在世界 500 强中,有 80% 的企业有 MBTI 的应用经验。

2. 职业兴趣——霍兰德职业兴趣测试及说明

爱使一个人适于从事任何工作。——乔治·赫伯特

美国芝加哥大学心理学教授 MihalyCsikszentmihalyi 发现:当人们在专心致志地、积极地参与从事某种活动、忘记了时空和自己的时候,他们感到最为愉快和满足。他将这种状态称之为"FLOW"(流动)——"聚精会神"、"忘我"的状态。可见,人们的满足感、幸福感往往来自于从事某种活动,而不是无所事事或单纯的享乐游玩。这也正是工作原本的意义所在。工作可以、也应当带给我们快乐。

大量研究表明:兴趣与工作满意度、职业稳定性和职业成就感之间都存在着明显的关联。因此,职业生涯辅导也普遍将兴趣作为自我探索的一个重要方面,并研制出了多种量表来测量人们的职业兴趣。同时,对于工作世界的划分在很大程度上也是参照对职业兴趣的划分进行的。

这世上最令人悲哀的话之一就是:"算了吧,还是现实一点。"但《你的降落伞是什么颜色》的作者 Richard N. Bolles 曾说:"这个世界最美好的部分并不是由那些现实的人打造出来的,而是由那些敢于认真对待自己的梦想并勇于追寻的人所创造的。"

下面以著名的霍兰德职业兴趣测量表做测试,更多了解自己和自己的职业兴趣。

(1)霍兰德职业兴趣测量表。人的个性与职业有着密切的关系,不同职业对从业者的人格特征的要求是有差距的,如果通过科学的测试,可以预知自己的个性特征,这有助于选择适合于个人发展的职业。您将要阅读的这个《职业价格自测问卷》,可以帮助您做个性自评,从而获得自己的个性特征更适合从事哪方面的工作。

请根据对每一题目的第一印象作答,不必仔细推敲,答案没有好坏、对错之分。具体填写方法是根据自己的情况,如果选择"是",请打"√","否",请打"×",见表 5-7。

霍兰德职业兴趣测量表 表 5-7

①我喜欢把一件事情做完后再做另一件事;	(　　)
②在工作中我喜欢独自筹划,不愿受别人干涉;	(　　)
③在集体讨论中,我往往保持沉默;	(　　)
④我喜欢做戏剧、音乐、歌舞、新闻采访等方面的工作;	(　　)
⑤每次写信我都一挥而就,不再重复;	(　　)
⑥我经常不停地思考某一问题,直到想出正确的答案;	(　　)
⑦对别人借我的和我借别人的东西,我都能记得很清楚;	(　　)
⑧我喜欢抽象思维的工作,不喜欢动手的工作;	(　　)
⑨我喜欢成为人们注意的焦点;	(　　)
⑩我喜欢不时地夸耀一下自己取得的好成就;	(　　)
⑪我曾经渴望有机会参加探险;	(　　)

续上表

⑫当我一个独处时，会感到更愉快；	（ ）
⑬我喜欢在做事情前，对此事情做出细致的安排；	（ ）
⑭我讨厌修理自行车、电器一类的工作；	（ ）
⑮我喜欢参加各种各样的聚会；	（ ）
⑯我愿意从事虽然工资少、但是比较稳定的职业；	（ ）
⑰音乐能使我陶醉；	（ ）
⑱我办事很少思前想后；	（ ）
⑲我喜欢经常请示上级；	（ ）
⑳我喜欢需要运用智力的游戏；	（ ）
㉑我很难做那种需要持续集中注意力的工作；	（ ）
㉒我喜欢亲自动手制作一些东西，从中得到乐趣；	（ ）
㉓我的动手能力很差；	（ ）
㉔和不熟悉的人交谈对我来说毫不困难；	（ ）
㉕和别人谈判时，我总是很容易放弃自己的观点；	（ ）
㉖我很容易结识同性朋友；	（ ）
㉗对于社会问题，我通常持中庸的态度；	（ ）
㉘当我开始做一件事情后，即使碰到再多的困难，我也要执著地干下去；	（ ）
㉙我是一个沉静而不易动感情的人；	（ ）
㉚当我工作时，我喜欢避免干扰；	（ ）
㉛我的理想是当一名科学家；	（ ）
㉜与言情小说相比，我更喜欢推理小说；	（ ）
㉝有些人太霸道，有时明明知道他们是对的，也要和他们对着干；	（ ）
㉞我爱幻想；	（ ）
㉟我总是主动地向别人提出自己的建议；	（ ）
㊱我喜欢使用榔头一类的工具；	（ ）
㊲我乐于解除别人的痛苦；	（ ）
㊳我更喜欢自己下了赌注的比赛或游戏；	（ ）
㊴我喜欢按部就班地完成要做的工作；	（ ）
㊵我希望能经常换不同的工作来做；	（ ）
㊶我总留有充裕的时间去赴约会；	（ ）
㊷我喜欢阅读自然科学方面的书籍和杂志；	（ ）
㊸如果掌握一门手艺并能以此为生，我会感到非常满意；	（ ）
㊹我曾渴望当一名汽车驾驶员；	（ ）
㊺听别人谈“家中被盗”一类的事，很难引起我的同情；	（ ）
㊻如果待遇相同，我宁愿当商品推销员，而不愿当图书管理员；	（ ）
㊼我讨厌跟各类机械打交道；	（ ）
㊽我小时候经常把玩具拆开，把里面看个究竟；	（ ）
㊾当接受新任务后，我喜欢以自己的独特方法去完成它；	（ ）

续上表

㊿我有文艺方面的天赋；	（　　）
51我喜欢把一切安排得整整齐齐、井井有条；	（　　）
52我喜欢当一名教师；	（　　）
53和一群人在一起的时候，我总想不出恰当的话来说；	（　　）
54看情感影片时，我常禁不住眼圈红润；	（　　）
55我讨厌学数学；	（　　）
56在实验室里独自做实验会令我寂寞难耐；	（　　）
57对于急躁、爱发脾气的人，我仍能以礼相待；	（　　）
58遇到难解答的问题时，我常常放弃；	（　　）
59大家公认我是一名勤劳踏实的、愿为大家服务的人；	（　　）
60我喜欢在人事部门工作	（　　）

（2）计分标准。

职业人格的类型：（符合以下“是”或否答案的记1分，不符合的记0分）

①常规型：“是”（7，19，29，39，41，51，57）；否（5，18，40）。

②现实型“是”（2，13，22，36，43）；否（14，23，44，47，48）。

③研究型“是”（6，8，20，30，31，42）；否（21，55，56，58）。

④管理型“是”（11，24，28，35，38，46，60）；否（3，16，25）。

⑤社会型“是”（26，37，52，59）；否（1，12，15，27，45，53）。

⑥艺术型“是”（4，9，10，17，33，34，49，50，54）；否（32）。

请将得分最高的3种类型从高到低排列，得出一个（或两个）3位组合答案，再对照人格类型与职业环境的匹配和测试结果与职业的匹配得出人格类型所匹配的职业。

（3）人格类型与职业环境匹配，见表5-8。

人格类型与职业环境的匹配表 表5-8

形态	人格倾向	典型职业
现实型R	具有顺从、坦率、谦虚、自然、坚毅、实际、有礼、害羞、稳健、节俭的特征，表现为： 1. 喜爱实用性的职业或情境，以从事所喜好的活动，避免社会性的职业或情境； 2. 用具体实际的能力解决工作及其他方面的问题，较缺乏人际关系方面的能力； 3. 重视具体的事物，如金钱，权力、地位等	工人 农民 土木工程师
研究型I	具有分析、谨慎、批评、好奇、独立、聪明、内向、条理、谦逊、精确、理性、保守的特征，表现为： 1. 喜爱研究性的职业或情境，避免企业性的职业或情境； 2. 用研究的能力解决工作及其他方面的问题，即自觉、好学、自信，重视科学，但缺乏领导方面的才能	科研人员 数学、生物方面的专家

续上表

形态	人格倾向	典型职业
艺术型 A	具有复杂、想象、冲动、独立、直觉、无秩序、情绪化、理想化、不顺从、有创意、富有表情、不重实际的特征，表现为： 1. 喜爱艺术性的职业或情境，避免传统性的职业或情境； 2. 富有表达能力和直觉、独立、具创意、不顺从（包括表演、写作、语言），并重视审美的领域	诗人、艺术家
社会型 S	具有合作、友善、慷慨、助人、仁慈、负责、圆滑、善社交、善解人意、说服他人、理想主义等特征，表现为： 1. 喜爱社会型的职业或情境，避免实用性的职业或情境，并以社交方面的能力解决工作及其他方面的问题，但缺乏机械能力与科学能力； 2. 喜欢帮助别人、了解别人，有教导别人的能力，且重视社会与伦理的活动与问题	教师、牧师、辅导人员
企业型 E	具有冒险、野心、独断、冲动、乐观、自信、追求享受、精力充沛、善于社交、获取注意、知名度等特征，表现为： 1. 喜欢企业性质的职业或环境，避免研究性质的职业或情境，会以企业方面的能力解决工作或其他方面的问题能力； 2. 有冲动、自信、善社交、知名度高、有领导与语言能力，缺乏科学能力，但重视政治与经济上的成就	推销员、政治家、企业家
传统型 C	具有顺从、谨慎、保守、自控、服从、规律、坚毅、实际稳重、有效率、但缺乏想象力等特征，表现为： 1. 喜欢传统性质的职业或环境，避免艺术性质的职业或情境，会以传统的能力解决工作或其他方面的问题； 2. 喜欢顺从、规律、有文书与数字能力，并重视商业与经济上的成就	出纳 会计 秘书

职业兴趣作为一种特殊的心理特点，由职业的多样性和复杂性反映出来。职业兴趣上的个体差异是相当大的，也是十分明显的。因为，一方面，现代社会职业划分越来越细，社会活动的要求和规范越来越复杂，各种职业间的差异也越来越明显，所以对个体的吸引力和要求也就迥然不同；另一方面，个体自身的生理、心理、教育、社会经济地位、环境背景不同，所乐于选择的职业类型、所倾向于从事的活动类型和方式也就十分不同。

我们可以利用自身的知识、能力、技能，找到匹配的职业与岗位。当我们用专业的方法发现自己的职业兴趣、性格时，能使我们与从事职业的社会责任、满意度、工作特点、工作风格、考评机制等相适应，也更加符合用人单位的要求。

第三节　职业能力与技能

一、职业能力的概念及分类

请大家在 5min 内在纸上尽可能多地写下自己所拥有的能力。尽管我们常常谴责人类不了解自己的缺点，但恐怕也很少有人了解自己的长处。就像在泥土中埋藏着一坛金子，土地的主人却不知道一样。——约拿珊 · 斯威夫特

（一）职业能力的概念

职业能力是人们从事某种职业的多种能力的综合。职业能力主要包含 3 方面基本要

素:一是为了胜任一种具体职业而必须要具备的能力,表现为任职资格;二是指在步入职场之后表现的职业素质;三是开始职业生涯之后具备的职业生涯管理能力。例如:一位教师只具有语言表达能力是不够的,还必须具有对教学的组织和管理能力,对教材的理解和使用能力,对教学问题和教学效果的分析、判断能力等。

如果说职业兴趣或许能决定一个人的择业方向,以及在该方面所乐于付出努力的程度,那么职业能力则能说明一个人在既定的职业方面是否能够胜任,也能说明一个人在该职业中取得成功的可能性。

(二)分类

由于职业能力是多种能力的综合,因此,我们可以把职业能力分为一般职业能力、专业能力和综合能力。

1. 一般职业能力

一般职业能力主要是指一般的学习能力、文字和语言运用能力、数学运用能力、空间判断能力、形体知觉能力、颜色分辨能力、手的灵巧度、手眼协调能力等。此外,任何职业岗位的工作都需要与人打交道,因此,人际交往能力、团队协作能力、对环境的适应能力,以及遇到挫折时良好的心理承受能力都是我们在职业活动中不可缺少的能力。

2. 专业能力

专业能力主要是指从事某一职业的专业能力。在求职过程中,招聘方最关注的就是求职者是否具备胜任岗位工作的专业能力。例如:你去应聘教学工作岗位,对方最看重你是否具备最基本的教学能力。

3. 职业综合能力

这里主要介绍国际上普遍注重培养的"关键能力",主要包括4个方面:

(1)跨职业的专业能力。从以下3方面可以体现出一个人跨职业的专业能力:一是运用数学和测量方法的能力;二是计算机应用能力;三是运用外语解决技术问题和进行交流的能力。

(2)方法能力。一是信息收集和筛选能力;二是掌握制订工作计划、独立决策和实施的能力;三是具备准确的自我评价能力和接受他人评价的承受力,并能够从成败经历中有效地吸取经验教训。

(3)社会能力。社会能力主要是指一个人的团队协作能力、人际交往和善于沟通的能力。在工作中能够协同他人共同完成工作,对他人公正宽容,具有准确裁定事物的判断力和自律能力等,这是岗位胜任和在工作中开拓进取的重要条件。

(4)个人能力。随着中国经济体制改革的深入、法制的不断健全完善,一个人的职业道德会越来越受到全社会的尊重和赞赏,爱岗敬业、工作负责、注重细节的职业人格会得到全社会的肯定和推崇。

二、技能的概念及分类

(一)技能的含义

技能就是通过练习获得的能够完成一定任务的动作系统,是经过学习和练习而形成的能力。

(二)技能的分类

1. 职业技能

职业技能是指对某一特殊活动,特别是包含方法、过程、程序或技术的活动的理解和熟练。它包括专门知识、在专业范围内的分析能力以及灵活地运用该专业的工具和技巧的能力。技术技能主要是涉及"物"(过程或有形的物体)的工作。例如电焊、氧焊、钣金、车工、钳工、汽车驾驶等对机器设备的操作,厨师、珠算、点钞、服装缝纫、弹钢琴、弹吉他、吹笛子等乐器的演奏、打字员、糕点裱花、粉刷、泥工、木工、雕刻、绘画等。

2. 运动技能

运动技能是一个游戏的精髓所在,例如,骑车、乒乓球、羽毛球、网球、跳水、游泳、台球、体操等均属于运动技能。

3. 管理技能

管理技能是管理者需要具备的素质或管理技能,如协作精神和团队精神,创造一种良好的氛围,以使员工能够自由地无所顾忌地表达个人观点。管理者的人事技能是指管理者为完成组织目标应具备的领导、激励和沟通能力。

三、探索技能的方法和途径

1. 专业知识的发现

你大学学习的是什么专业?你的专业课有哪些?除了专业课之外,你还选修了哪些课程?你参加过哪些相关培训?你最近在看什么书?篮球的游戏规则是什么?……

对下面的经历进行分析,尽可能全面地列出你所掌握的知识技能,再从中挑选出你自己感觉比较精通的和你在工作中应用或希望应用的知识技能,最后排列出对你来说最重要的5项知识技能。

你有哪些知识技能?

在学校课程中学到的:如英语,地理等;在工作(兼职或假期工作)中学到的:如电脑制图等;从课外培训、辅导班、研讨班学到的,如绘画等;从专业会议中学到的,如学科大会等;从爱好、娱乐休闲、社团活动、家庭职责中学到的,如摄影等;通过阅读、看电视、听磁带请家教等方式学到的,如钢琴演奏,PPT 制作等;在盘点了自己现有的知识技能以后,把你的思维转向未来,想想有哪些知识技能你目前还不具备,但希望自己拥有。可以通过一些什么样的途径来获得这些知识。我尚不具备但希望拥有的知识技能有哪些?

2. 专业知识技能的获得

我们可以通过在校教育、业余辅导、自学相关课程,参加一些专业会议、讲座、研讨会和资格认证考试培训、岗前培训,在职教育,也可以通过业余爱好,娱乐休闲,社团活动,家庭职责等方面来获得专业知识技能。

(1)可迁移技能的获得。可迁移技能就是你所能做的事,也称为通用技能。可以在生活的方方面面,特别是工作之外得到发展。可以在工作内外、工作之间通用。它是用人单位最看重的部分。

(2)从可迁移技能中发现。你都会做什么?你参加过哪些社会实践?请用 5 ~ 10 个动词来概述你的工作能力。你觉得自己最突出的工作能力有哪些?哪些能力使你能够胜任这项工作？

（3）可迁移技能可以通过以下方式获得：参与实践，归纳总结；观察学习，模仿体会；专业训练；实习培训；业余爱好，娱乐休闲，社团活动，家庭职责等。

3. 自我管理技能的获得

自我管理技能就是你所具有的特征和品质，用来帮助一个人更好地适应环境。它是个人最有价值的“资产”，是影响职业生涯成功与否的关键。

（1）自我管理技能词汇表，见表5-9。

自我管理技能词汇表 表5-9

勤学的	精确地	活跃的	适应的	精通的
勇敢地	好斗的	坚持的	健壮的	留心细节
英俊的	公正的	宽容的	有条理的	沉着的
有能力的	快乐的	明确的	聪明的	自信的
认真的	体贴的	有规律的	有礼貌的	有创意的
爱探究的	果断的	敏感的	民主的	手巧的
沉默的	爱说话的	谦逊的	随和的	热情的
坚强的	可信赖的	理智的	整洁的	足智多谋
多才多艺	有魅力的	有抱负的	机敏的	幽默的
诚实的	爱交际的	慷慨的	努力地	多愁善感

（2）他人眼中的我。通过他人对自己的反馈了解自己是一个很好的方式。向你身边的亲朋好友询问一下：如果让他们用3~5个词语来形容一下你，他们会说什么？你可以通过面谈、打电话、发短信或电子邮件等多种方式来完成这个练习。请询问至少10个以上的人。得到他人对你的反馈之后，看一看他们对你的描述中，有哪些是你知道的，有哪些是你以前没有想到过的。他们所说的符合你对自己的评价吗？哪些方面是你的长处？哪些方面你需要改进？

（3）自我管理技能的获得。我们可以通过榜样的力量，认同与练习、自我认知的提高、意志力的培养、使观念的多元化等丰富的精神生活和发展业余爱好，参加娱乐休闲，社团活动，家庭职责等来获得自我管理能力。我们可以将自我管理技能的获得用木桶作为比喻：如心理素质是桶底；专业知识是木板；可迁移技能是桶圈；身体素质是木板的质量；自我管理能力是提手，如图5-2所示。

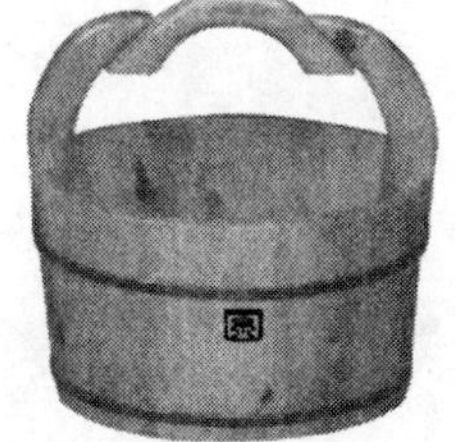
图 5-2

（4）用人单位最重视的技能。

作为即将踏入职场的大学生，最为关心的问题之一就是用人单位的选才用人标准。即对于用人单位来讲，最重视的就是技能，见表5-10。

用人单位最重视的技能一览表 表5-10

序号	名称	序号	名称
1	沟通能力	7	灵活性/适应能力
2	积极主动性	8	专业技术
3	团队合作精神	9	诚实正直
4	领导能力	10	工作道德
5	学习成绩	11	分析和解决问题的能力
6	人际交往能力		

在工作环境中管理自己,要从朋友、盟友、联络人、同事的合作开始。不过除了个人的关系以外,还有一些更广泛的重要问题,这是和整个环境有关的。我们在这里要讨论组织的3个主要层面,并且提供分析和行动的阶段,每个阶段都有其特征,像特别的需要或必须完成的任务,就如同个人的生活也有这样的情形。环境改变和发展的各个阶段中,都有不同的需要,为了完成当前的任务,就要以不同的价值来发挥作用或要求与众不同的特质。

另外,如果我们身处领导层,那么“管理他人之前,必须懂得先管理自己”。如果我们能够为人师表,那么我们已经在使周围人走上正轨的路上踏出第一步。因此,应学会由内而外的管理,即自内而外的管理。

第六章 就业与职业规划

第一节 招生就业形势与就业环境

一、就业环境与就业形势分析

就业是民生之本。就业问题,各国都有,可以说是一个世界性的难题。“人口众多”是我国的基本国情,对我们这样一个发展中的人口大国来说,就业问题就更加复杂。我国就业面临着巨大的供给压力:人口与人力资源严重供过于求,城镇公开失业逐步攀升,企业富余职工转化为公开失业,农村劳动力转移压力巨大,大学毕业生就业难问题加大。从需求的角度看,我国的就业弹性总体上呈现逐年下降趋势,就是说,经济增长对就业增长的贡献越来越弱。

中国社会科学院社会学研究所和社会科学文献出版社联合发布的2013年《社会蓝皮书》指出:2012年我国就业形势稳定,农民工和大学生就业未出现紧张局面。但同时,由于国际经济社会环境中的不稳定、不确定因素仍然突出,2013年宏观经济走势预期不明朗,就业形势仍将复杂,就业仍然面临各种问题和挑战。

当前我国就业形势的复杂性在于,在普遍出现“民工荒”现象的同时,大学毕业生就业困难依然存在,城镇失业现象持续存在。这种看似矛盾的现象并不难理解,因为每个就业群体面临就业困难的原因并不相同。

以“民工荒”形式表现出来的劳动力短缺现象,是由劳动力供给与劳动力需求之间的矛盾造成的。一方面随着人口结构变化,劳动年龄人口的增量逐年下降。与此同时,经济快速增长继续产生对劳动力的需求,这便导致劳动力短缺。另一方面,结构性就业压力依然存在。工业化、城镇化加速发展时期本来就是社会就业变动剧烈时期,再与加快转变经济发展方式、推动经济结构战略性调整相叠加,必然使我国这个世界第一人口大国面临严重的就业问题。农民工尚未成为城镇户籍居民,就业不稳定,社会保障不健全,面临周期性失业风险,仍然是劳动力市场上的弱势人群。大学毕业生就业困难并非由市场供大于求所造成,而是产生于个人就业意愿和技能与劳动力市场机会及需求之间的不匹配。至于城镇居民失业和就业困难,既有就业技能不匹配问题,也有劳动力市场调节功能不充分问题。这两个就业群体面对的劳动力市场风险主要是结构性和摩擦性的自然失业。

以2012年为例,我们可对今后一段时间内城镇劳动力市场上需要关注的就业困难群体构成作出大体的数量估计:剔除在农村内部流动部分后,农民工进入城镇就业的人数约1.46亿人,新毕业大学生约660万人,加上往年毕业尚未就业的150万人,总共超过800万人。按照近年来较高的登记失业率4.3%估算,城镇失业和可能失业的人数大约1600万人。假设8000余万灵活就业人员中有一半就业比较稳定,另外,4000万则属于就业困难人员。这些人群之间可能有交叉,但总体而言可以反映就业困难群体的数量和构成,即全部城镇就业人口中接近一半经常面临明显的就业困难。

可见,理解当前的就业问题需要确立两个认识。其一,就业问题并不会因为出现劳动力短缺现象而缓解。2012 年新增就业呈逐步下降态势,国际国内经济下行对就业的影响已经逐步显现。从新增就业数量上看,城镇新增就业的增幅自 2012 年 4 月份以来总体呈现逐月下降趋势;从制造业采购经理指数 PMI 看,9 月份 PMI 开始出现回升,但从业人员指数为 48. 9% ,比上月下降 0. 2% ,连续 4 个月位于临界点以下,表明制造业企业用工量仍在继续减少。其二,长期困扰我们并被作为就业政策重点的就业总量问题正逐步转化为就业结构性问题。2012 年产业结构调整效应开始显现。就业地区及行业结构加速变化。

农村劳动力转移就业新动向将加剧局部用工短缺。随着我国经济社会发展,农村劳动力正从"无限供给"向"有限供给"转变,总量型过剩矛盾开始向结构型短缺矛盾转变,"体力型"劳动力向"素质型"劳动力转变,"城乡就业分置"向"城乡就业一体化"转变。就地就近就业越来越成为农村劳动力就业方式的选择,从而必然会使劳动力的局部短缺问题愈发突出。缺工现象从东部沿海发达地区向内地蔓延。目前,四川、重庆、安徽、河南等劳务输出的省、市也出现了用工短缺现象,在安徽和河南等中部地区"招工难"的问题比较突出,尤其是制造业和服务业招工缺口比较大。

就业的行业结构变化,主要表现在传统制造业等行业的用人需求出现下降,而高新技术产业和服务业用人需求逐步上升。劳动密集型企业和餐饮、商贸等服务行业的用工缺乏,而熟练技术工人更加缺乏。这一趋势在 2013 年将会进一步延续。据人力资源和社会保障部对 1. 1 万多个企业按月监测的用工情况显示,2012 年 7 月末与 2011 年年底相比,制造业岗位减少 1. 35% ,约计 8 万个;信息传输、计算机服务、软件企业以及住宿餐饮业、居民服务和其他服务业的就业岗位相比去年有所增长,增幅分别为 4. 65% 、3% 和 1. 48% 。

高校毕业生技能与市场需求不相适应的问题将更加突出。2013 年,我国将有 700 多万普通高校毕业生需要就业,700 多万名中专、职高、技校及"两后生"也将集中进入人力资源市场,应届毕业生的就业问题仍将会集中显现。高校毕业生就业总量压力大,就业渠道不畅,部分毕业生的就业能力与市场需求不相适应的问题导致的就业结构性矛盾会更加突出。前不久,从高校毕业生调研可以看出,80% 以上的用人单位反映新招聘毕业生技能不适合岗位需要;60% 的用人单位反映毕业生必须经过培训才能适合工作岗位。对毕业生的调研表明,毕业生自己认为所学知识与工作"不太符合"和"不符合"的比重也分别占被调研人数的 47% 和 22% 。随着转变发展方式和产业转型升级的加快,石油化工、生物医药、装备制造、电子信息等高端技能型人才和现代服务业人才的需求大大增加,但在非技能型领域却积压了大量缺乏专业技能的大学毕业生,人才供需不对称的矛盾愈发突出。短期内,这一问题仍将继续成为影响高校毕业生有效就业的原因之一。

二、高考招生与录取政策

1952 年,全国高等学校统一招生制度建立,除个别高等学校经教育部批准外,一律参加全国统一招生,招生名额要报请审核批准,招生日期、考试科目全国统一规定;1958 年,全国曾一度实行学校单独招生或联合招生,到第二年,又恢复了全国统一命题、一次考试、分批录取的招生制度,直到"文化大革命"爆发;1966 年高等学校停止招生 5 年;1972 年恢复招生后,实行的是"自愿报名,群众推荐,领导批准,学校复审"的办法,招收有两年以上实践经验的工人、农民和解放军战士,不受已有学历限制,取消了文化考试和应届高中毕业生考试资格;1977 年恢复高考。

考试科目设置的改革是高考改革的核心问题。20 世纪 80 年代,中央教育行政主管部门与个别省市就已经开始酝酿改革并采取了一定的措施。“3 + X”方案的正式出台,使这一改革进程进入实质性阶段。1999 年广东省首先试点,2000 年山西、吉林、江苏、浙江、天津 4 省 1 市加盟。目前“3 + X”方案主要有以下几种:

1. “3 + 文科综合/理科综合”

目前应用省级行政单位:北京市、天津市、河北省、辽宁省、吉林省、黑龙江省、安徽省、福建省、广东省、江西省、河南省、湖北省、湖南省、山西省、四川省、贵州省、云南省、陕西省、重庆市、甘肃省、青海省、内蒙古自治区、广西壮族自治区、宁夏回族自治区、新疆维吾尔自治区以及西藏自治区。

其中,“3”指“语文、数学、外语”,“X”指由学生根据自己的意愿,自主从文科综合(涵盖政治、历史、地理)和理科综合(涵盖物理、化学、生物)2 个综合科目中选择一个考试科目。此方案是目前全国应用最广、最成熟的、最被人们接受的。总分 750 分(语文 150 分,数学 150 分,外语 150 分,文科综合/理科综合 300 分)。考试安排在每年 6 月 7 日和 6 月 8 日,分 4 场。

2. “3 + 文科综合/理科综合 + 自选模块”

目前应用省级行政单位:浙江省。

语文 150 分,数学 150 分,外语 150 分,文科综合/理科综合 300 分,自选模块 60 分,高考总分为 810 分。考试安排在每年 6 月 7 日 ~6 月 9 日,分 5 场。

3. “3 + 文科综合/理科综合 + 基本能力”

应用省级行政单位:山东省(2007 ~2013 年)。

语文 150 分,数学 150 分,外语 150 分,文科综合/理科综合 240 分,基本能力 60 分,高考总分为 750 分。经过教育部批准,从 2014 年起,山东省实行“3 + 综合 1/综合 2”高考方案。考试安排在每年 6 月 7 日 ~6 月 9 日,分 5 场。

4. “3 +1”

目前应用省级行政单位:上海市。

经过教育部批准,从 2012 年起,上海市实行“3 +1”高考方案。“3”指语文,数学,外语,“1”指“政治/历史/地理/物理/化学/生物”;语文 150 分,数学 150 分,外语 150 分,政治/历史/地理/物理/化学/生物 150 分,总分 600 分。考试安排在每年 6 月 7 日和 6 月 8 日,分 4 场。

5. “3 + 学业水平测试 + 综合素质评价”

目前应用省级行政单位:江苏省。

经过教育部批准,从 2008 年起,江苏省实行该方案。其中,“3”指“语文、数学、外语”,语文 160 分(文科 160 +40 分加试题)、数学 160 分(理科 160 +40 分加试题)、外语 120 分,满分 480 分。学业水平测试必修科目考试含物理,化学,生物,政治,历史,地理,信息技术 7 科,各科原始满分为 100 分,考生需参加未选为学业水平测试选修科目的 5 门必修科目;学业水平测试选修科目考试含物理,化学,生物,政治,历史,地理 6 科,各科原始满分 120 分,文科考生必考历史,理科考生必考物理,再从化学,生物,政治,地理中选一门,学业水平测试实行等级计分,分为4个等级,用A、B、C、D表示,普通类考生须全部达C等方可参加高考。

6. "3+3+基础会考"

目前应用省级行政单位:海南省。

经过教育部批准,从2007年起,海南省实行"3+3+基础会考"高考方案。其中文史类高考科目组合(不包括基础会考)为:语文、数学(文)、外语(加听力)、政治、历史、地理;理工类高考科目组合(不包括基础会考)为:语文、数学(理)、外语(加听力)、物理、化学、生物;依据课程标准,数学文科与理科考试范围不同。

1998年以后,我国教育改革步伐加快,高等教育扩招,大众化进程加快,2002年秋季高等教育毛入学率由1998年的9.8%,提高到15%,历史性地跨入国际公认的高等教育大众化阶段。

高等学校招生实行计算机远程网上录取,各省级招办应全面实行远程录取管理模式,各高等学校应在校内采取远程异地录取方式开展录取工作。

录取工作是分批进行的,各省市根据本地实际,制定的高考改革方案中,有的将志愿、录取批次划为6批或8批,但多数省市仍分4批录取。以分4批录取为例,依次进行录取工作的是:提前录取院校、第一批录取院校、第二批录取院校和第三批录取院校。具体情况如下:

提前录取院校,根据国家有关规定,将一部分招生类别、性质、专业基本相同或相近的学校和国家批准提前录取的一些学校集中起来,在大规模招生之前进行提前录取,这部分院校即提前录取院校。主要包括解放军院校、武警院校、公安部所属院校以及少数经批准参加提前录取的院校和专业。对提前录取的院校,按照不同层次和特点,分别确定每个学校的控制分数线,招生学校按有关规定确定调阅考生档案数,全面考核,择优录取。

第一批录取院校,主要是全国重点大学,还有部分经批准的院校,如北京语言大学、中国传媒大学、外交学院、西南师范大学、陕西师范大学、华中师范大学、华北师范大学、中国政法大学、哈尔滨建筑工程学院、北京第二外国语学院、广东外语外贸大学、招收7年制临床医学专业的院校(专业),以及各省所属的师范院校。第一批录取的院校实行"学校负责,招办监督"的录取体制。

第二批录取院校,主要是一般本科院校。该批录取院校专业数量多,招生数量也最大。第二批录取院校实行"根据志愿,按比例投档"的录取办法。

第三批录取院校,主要是专科类院校和本科院校中的专科类专业。有些省(自治区、市)还将面向地区(市)招生的专科学校、职业大学、电大普通班等也并入第三批录取院校。第三批录取院校实行分段录取的办法。

这四批院校在录取过程中是四个互不影响的独立过程。也就是说,从提前录取的院校开始,在每一批录取工作结束后,对未录取考生档案再重新整理,然后才开始下一批的录取工作。不同批的录取学校,考生在报考志愿时相互间没有联系,也互不影响。国家规定在录取时分批进行,但对每一批院校中可以选择几个志愿学校及专业,各地可以有不同的规定和要求。

各批录取院校都有各自的控制分数线。控制分数线是由各省(自治区、市)招生委员会在政治思想品德考核和身体健康状况检查合格的考生中,根据本省(自治区、市)考生文化考试成绩,按略多于某批院校计划录取总数划定的一个"分数"。划定控制分数线,既要给高校录取新生有一定的选择余地,也要考虑考生进线数与计划数的差别不能太大,以免造成进线考生落榜太多。达到控制分数线的考生不可能百分之百地录取,需由省(市、区)招办根据录取控制分数线,在录取过程中将上线人数再按考生所报志愿从高分到低分进行德、智、体全面衡量,择优确定录取名单。

当考生的电子档案投到某报考学校后,如果考生高考分数达到了该校最低录取线,但所填报的专业志愿都无法满足时,若考生愿意服从专业调剂,学校就会根据分数把考生调剂到还有计划的专业;若考生不服从专业调剂,就会被退档。考生如果服从学校调剂,当所填的各个志愿学校都未录取时,将被调配到其他院校。

第二节　就业制度与就业政策

一、就业制度的历史沿革

大学生就业制度随着社会经济基础的变化而发生着变化。新中国成立以来,大学生就业制度经历了不同的历史发展阶段。

1. 计划经济条件下"统包统分"的就业制度

新中国成立后,全党、全国人民的重要任务之一是恢复生产,进行经济建设。新中国成立初期,百废待兴、百业待举的现实使得党和政府痛感人才的匮乏。在当时大规模经济建设的背景下,高校毕业生自然被视为一种稀缺资源。于是 1950 年,国家根据政治形势和经济建设的需要,提出了"统一计划、兼筹并顾","集中、重点配备"的方针,以及"在适应国家建设需要的基础上贯彻学用一致的原则",实行与计划经济相适应的毕业生"统包统分"制度。经过几年调整,初步形成了由中央制订计划,省级主管部门负责布置、监督落实,学校付诸实施的毕业生分配工作格局。国家对全日制普通高等院校大中专学生实行"统招统分",即国家制定招生计划,并对计划内招收的学生的教育培养实行全额拨款,学生在校期间的学费由国家统一支付,学生毕业后由国家统一分配工作。每年分配毕业生时,先由国家主管部门根据毕业生人数及各单位的需求情况,制定毕业生分配方案,分别下达到学校和用人单位,再由学校制定调配方案,把每一个毕业生分配到某一用人单位。这种情况毕业生一般不得跨部门(如某部委所属的院校毕业生只能到所在部委的下属单位)、跨地区,严格限制在一定范围内,毕业生和用人单位互不见面,互不了解,但双方都必须服从主管部门下达的分配计划。从"统包统分"的大学毕业生分配模式的形成和演变过程,可以看出这种分配模式是我国高度集中的计划经济体制的产物,它与我国当时的政治、经济体制是相适应的。这种分配制度适应了当时高度集中的计划经济体制的需要,急需人才的单位得到一定数量的毕业生,在国家的经济建设中发挥了重要的作用。

十一届三中全会以后,随着我国经济发展和劳动人事制度改革的不断深入,大学生就业制度也开始进行改革。

2. 学校与用人单位供需见面

从 20 世纪 80 年代初开始,国家在对高校大学生继续实行计划派遣就业的同时,紧密结合经济体制和教育体制改革的实践,对毕业生分配工作进行了一些积极地探索和尝试,相继出台了一些改革措施和办法。1985 年,中共中央颁布了《关于教育体制改革的决定》,毕业生就业制度改革拉开了序幕。改革首先是改变了由政府制定分配计划的办法,实行由主管部门和高等学校上下结合的办法编制毕业生分配计划。其次,在落实计划时采取了一定范围内"供需见面"的方式。"供需见面",是指学校与用人单位通过计划内的供需见面落实毕业生就业,而毕业生与用人单位并不直接见面。"供需见面"是在"统包统分"这个模式还没有被打破的基础上,在具体做法上加以修改的一种就业形式。当年,教育部提出"在国家方针政策指导下,由本人选报志愿,学校推荐,用人单位择优录取",这一办法在清华大学和上海交通大学等少数高校进行试点之后迅速铺开。

3. 双向选择

1989 年,国务院下达文件,批准了原国家教委提出的《高等学校毕业生分配制度改革方案》(又称"中期改革方案")。改革的目标是在国家就业方针、政策指导下,逐步实行毕业生自主择业、用人单位择优录用的"双向选择"制度。中期改革方案是根据现实的改革条件和改革环境制订出的过渡性方案,将竞争机制引入高校,使毕业生就业走向市场化。到 1994 年高等院校已基本上全部按照"中期改革方案"就业模式就业。

双向选择阶段的主要特点是:

(1)以学校为主导。由于当时高等学校所提供的大学生数量与社会各方面的需求差距较大,社会上还不具备公平竞争的经济环境,大学生就业市场也尚未形成。受到以上种种客观限制,毕业生和用人单位在大学生就业市场中进行相互选择的条件尚不成熟。所以,从这个阶段开始高等学校成为大学生就业的主导,由学校向社会推荐毕业生就业。

(2)毕业生和用人单位在一定范围内双向选择。这里所说的一定范围主要是指:由国家招生计划任务招收的学生毕业后在国家就业方针政策指导下,由学校推荐,毕业生选报志愿,按照有关规定在一定范围内选择职业,用人单位择优录用。对经推荐未被录用的少数毕业生,则由本人自谋职业。

4. 自主择业

1993 年 2 月 13 日,中共中央、国务院颁布了《中国教育改革和发展纲要》。《纲要》明确指出毕业生就业制度改革的目标是:改革高等学校毕业生"统包统分"和"包当干部"的就业制度,实行少数毕业生由国家安排就业,多数学生"自主择业"的就业制度。按照改革目标的要求,随着社会主义市场经济的发展和劳动人事制度改革的深化,除对师范学科和某些艰苦行业、边远地区的毕业生实行在一定范围内定向就业外,大部分毕业生实行在国家方针政策指导下,通过劳动力市场,采取"自主择业"的就业办法。在这种就业体制下,大部分毕业生将按照个人的能力、条件到人才市场参与竞争,不再依靠行政手段由国家保证就业;用人单位也只能用工作条件及优惠待遇吸引毕业生,不能等待国家用行政命令的办法给予保证。高等学校主要为毕业生"自主择业"提供服务,与此相配套,通过建立人才需求信息、就业咨询指导、职业介绍等社会中介组织,为毕业生的就业提供服务。

为加快教育体制改革的步伐,原国家教委于 1994 年在《关于进一步改革普通高等学校招生和毕业生就业制度的试点意见》中又明确提出:从招生开始,通过建立收费制度,改变大学生上学、就业均由国家包揽的做法。同时,建立相应的奖学金、贷学金制度,鼓励学生努力学习,引导毕业生参与劳动力市场的竞争。国家不再以行政分配而是以方针政策指导、奖学金制度和社会需求信息来引导毕业生在一定范围内自主择业。

社会主义市场经济体制的建立和完善,促进了社会的深刻变化,也为大学毕业生求职择业提供了良好的社会环境和广阔的天地。2000 年教育部将高校毕业生就业的“派遣证”改为“报到证”,这标志着大学毕业生就业基本实现了由学校和有关部门推荐,学生和用人单位在国家政策指导下,通过人才市场“双向选择、自主择业”的就业模式。2004 年初国务院再次明确提出“市场导向、政府调控、学校推荐、双向选择”的就业政策,真正实现了“以市场机制为主导”的人才资源配置机制。

二、我国现行的大学生就业制度

(一)劳动合同制度

1994 年 7 月,第八届全国人民代表大会常务委员会第八次会议审议通过了《中华人民共和国劳动法》(以下简称《劳动法》),并决定自 1995 年 1 月 1 日起实施。《劳动法》是国家为保护劳动者的合法权益、调整劳动关系、改进劳动组织、促进经济发展和社会进步而制定的法律,标志着我国劳动制度的建设走上了法制轨道。

《劳动法》对劳动合同的签订、劳动合同的形式与内容、劳动合同的期限、劳动合同的终止、变更和解除以及无效劳动合同等作出了详尽的规定。

目前,中国已基本实现全员劳动合同制。全员劳动合同制是企业与全体职工在平等自愿、协商一致的基础上,通过签订劳动合同,明确双方的责、权、利,以法律形式确定劳动关系,并依照合同,进行管理的新型用工制度。全员劳动合同制的主要内容是:第一,企业全体职工包括经营管理人员、技术人员和生产操作人员都要在平等、自愿、协商一致的基础上,与企业签订劳动合同,明确双方的责、权、利。第二,在企业内部取消不同身份界限,企业全体人员统称企业职工或企业员工。取消工人和干部的身份界限,对干部实行聘任制,能上能下。第三,实行双向选择,合同期满后,企业与职工可以续签合同,职工也可以离开企业,另谋高就。劳动合同制是劳动法的核心之一。

(二)人事代理制度

人事代理在我国是指在社会主义市场经济条件下,经组织人事部门批准或授权指定的人才服务机构,受单位和个人委托,运用社会化的服务方式和现代化的手段,按指定的法律和政策规定,为“三资企业”、民办科技机构、民营企业、乡镇企业等无主管单位以及不具备人事管理权限的非国有企、事业单位,及自费出国人员等提供人事档案保管或有关人事方面的代理服务工作。简单地说,就是把“单位人”变成“社会人”,实现人事关系管理与人员使用分离,即单位管用人,而一些具体的人事管理工作,如档案管理、计算工龄、评定职称、社会保险等,则由人才服务机构(即人才交流中心)代管。1995 年 12 月人事部正式提出推行人事代理制,使之规范化、法制化,预示着人事代理将促进人才产业化,最终使人事管理变成一种公众服务。

1. 人事代理的服务内容

(1)负责被代理人员人事档案的收集、整理、保管、利用等工作。被代理人员的履历表、奖惩登记、党团及考核等材料由用人单位提供。代理机构及时对送交材料归档。

(2)确认被代理人员的身份,出具有关证明。办理被代理流动人员的转入、转出手续,推荐就业单位,签订聘用合同。为毕业生转正定级出具各种证明材料,建立被代理人员集体户口挂靠制,行政、工资关系挂靠人才市场,调整档案工资,职称考评、考核,计算其工龄。若工作调动,按档案工资标准开出。办理被代理人员的出国(出境)和政审手续。

(3)负责办理失业、养老等社会保险服务,并为其代办住房公积金。

(4)建立被代理人员党组织,接转党组织关系。制定流动党员定期或不定期的思想汇报制度,按时收缴党费。

(5)开展被代理人员岗位及专业技能培训。根据用人单位的要求,有针对性地组织岗位和技能培训。

(6)提供信息咨询服务,包括人事政策咨询、人才供求关系信息、市场统计信息等服务。

以上内容中,委托人事代理可划分为单位委托人事代理和个人委托人事代理两个类别。各级人才流动机构与委托人事代理对象不发生行政隶属关系,仅为其代理有关服务事宜。

2. 人事代理的办理手续

(1)单位办理委托人事代理,须向当地人才流动机构提交下列证件:委托人事代理申请书;企业营业执照(副本)复印件、企业章程复印件;事业单位成立的批件复印件;委托代理人员的履历表、身份证复印件;代理项目相关的材料。

(2)个人办理委托人事代理,根据各自情况不同,须向当地人才流动机构分别提交下列有关证件:应聘到外地工作的,须提交委托人事代理申请、聘用合同复印件、身份证复印件、聘用单位证明信(证明其单位性质、主管部门、业务范围)等。

(3)自费出国留学人员办理委托人事代理,须提交委托人事代理申请,原单位同意由人才流动机构保存人事关系的函件和出国有关材料等。

(4)辞职、解聘人员尚未落实单位的,须提交委托人事代理申请及辞职、解聘证明、身份证复印件等证件。

(三)就业准入制度

所谓就业准入制度是指根据《劳动法》和《中华人民共和国职业教育法》(以下简称《职业教育法》)的有关规定,对从事技术复杂、通用性广、涉及国家财产、人民生命安全和消费者利益的职业(工种)的劳动者,必须经过培训,并取得职业资格证书后,方可就业上岗的制度。

2000 年 3 月 16 日,我国劳动和社会保障部发布了《招用技术工种从业人员规定》(以下简称《规定》)(2000 年 7 月 1 日起施行),对 90 个工种实行就业准入。

三、当前我国大学生就业的具体政策与规定

(1)鼓励高校毕业生到基层和艰苦地区工作。近年来党和国家为促进高校毕业生就业工作,鼓励高校毕业生面向基层就业,主要充实城市社区和农村乡镇基层单位,从事教育、卫生、公安、农技、扶贫和其他社会公益事业。在艰苦地区工作两年或两年以上者,报考研究生的,应优先予以推荐、录取;报考党政机关和应聘国有企事业单位的,在同等条件下,应优先录取。为此,国家出台了一系列政策,包括有:选聘高校毕业生到村任职工作(大学生村官计划)、农村义务教育阶段学校教师特设岗位计划、大学生志愿服务西部计划、农村订单定向医学生免费培养工作、高校毕业生“三支一扶”计划、引导高校毕业生到城市社区就业和自主创业工作、鼓励服务外包行业发展工作、开展高校毕业生预征入伍工作等,见表 6-1。

部分基层就业政策一览表 表6-1

细则＼项目名称	选聘高校毕业生到村任职工作	农村义务教育阶段学校教师特设岗位计划	高校毕业生“三支一扶”计划	大学生志愿服务西部计划
组织实施部门	中组部牵头，教育部、财政部、人力资源和社会保障部共同组织实施	教育部牵头、财政部、人力资源和社会保障部、中央编办共同组织实施	人力资源和社会保障部牵头，中组部、教育部、财政部、农业部、卫生部、扶贫办、共青团中央共同组织实施	共青团中央牵头，教育部、财政部、人力资源和社会保障部共同组织实施
招募对象与条件	30岁以下应届和往届的全日制普通高校专科以上学历的毕业生。重点是应届毕业生，毕业1至2年本科生、研究生，原则上为中共党员。非党员的优秀团干部、优秀学生干部也可选聘	1. 以高等师范院校和其他全日制普通高校应届毕业生为主，可招少量应届师范类专业专科毕业生 2. 取得教师资格，具有一定教学实践经验，年龄在30岁以下的高校毕业生 3. 报名者应同时符合教师资格条件要求和招聘岗位要求	主要为全国普通高校应届毕业生	普通高校应届毕业生
招募方式	程序为：个人报名、资格审查、组织考察、体检、公示、决定聘用、培训上岗	公开招聘、合同管理。方式可有专场招聘会、网上招聘会、组织设岗所在地有关部门到高校招聘等多种方式	公开招募、自愿报名、组织选拔、统一派遣	全国公开招募、自愿报名
数量规模	从2008年开始，每年选聘2万名，连续5年，共选聘10万名高校毕业生	从2006年开始，用5年时间实施。2006年共安排2～3万个特设岗位，以后每年根据实际情况另行确定招聘人数。2009年中央“特岗计划”项目计划安排5万～7.5万个特设岗位，鼓励了各地启动实施地方项目	从2006年开始，每年选派2万名高校毕业生，连续5年，共选聘10万名高校毕业生。目前已实施3年，共选派88104名	从2003年开始，每年派遣7000名左右的高校毕业生。目前已实施6年，共选派约4万名高校毕业生。平均每年保持约1万名学生在岗
岗位	一般安排村党组织书记助理、村委会主任助理、村团组织书记副书记、村党组织书记副书记等职务	特设岗位教师原则上安排在县以下农村初中，适当兼顾乡镇中心学校	支农、支教、支医和扶贫	到西部贫困县的乡镇从事教育、卫生、农技、扶贫以及青年中心建设和管理等工作

续上表

细则 \ 项目名称	选聘高校毕业生到村任职工作	农村义务教育阶段学校教师特设岗位计划	高校毕业生“三支一扶”计划	大学生志愿服务西部计划
服务期间身份	选聘的毕业生为“村组特设岗位”人员，系非公务员身份	特设岗位教师	“三支一扶”志愿者	西部计划志愿者
户档管理	1. 到西部和艰苦边远地区农村任职的，户口可留在现户籍所在地 2. 档案由县委组织部门或县级人事部门所属人才服务机构免费代理 3. 党团关系转到所在村	1. 聘任期间，特设岗位教师的户口和档案的管理，由省级政府根据当地实际情况确定 2. 档案关系原则上统一转至工作学校所在地	1. 户口由省级“三支一扶”办公室指定的机构统一管理；也可根据本人意愿转回入学前户籍所在地 2. 人事档案原则上统一转至服务单位所在地县级政府人事部门。党团关系转至服务单位	1. 户口可保留学校两年；也可转回户籍所在地 2. 档案由户籍存放地的人才服务机构免费代理
日常管理	1. 选聘的毕业生工作管理及考核比照公务员有关规定进行，由乡镇党委、政府负责 2. 乡镇党委、政府负责选聘生的住宿及日常生活管理和服务	聘期内，由地方教育行政部门对其进行跟踪评估	用人单位负责安排工作岗位，承担日常管理工作。县级人事部门负责年度和服务期满考核工作。服务期满考核合格，经省级办公室审核颁发证书	县级成立领导小组和项目管理办公室，主要负责协调指导服务单位工作和对志愿者进行日常管理
待遇（补贴和保险）	1. 项目经费由中央和地方财政共同承担 2. 比照乡镇从高校毕业生中新录用公务员试用期满后工资水平确定工作、生活补贴，在艰苦边远地区的，按规定发放地区津贴。中央对到西部地区的毕业生每人每年1.5万元，中部地区1万元，东部地区0.5万元，不足的由地方财政补贴。同时，中央财政按人均2000元的标准发放一次性安置费 3. 参加养老社会保险 4. 任职期间，办理医疗、人身意外伤害商业保险	1. 特设岗位教师聘任期间，执行国家统一的工资制度和标准。中央财政按人均年1.896万元的标准拨付。凡特设岗位教师工资性年收入水平高于1.896万元的，高出部分由地方政府承担工资支出 2. 其他津贴补由各地根据当地同等条件公办教师收入和中央补助水平综合确定。同时提供必要的交通补助、体检费和按规定纳入当地社会保障体系，享受相应社会保障待遇，政府不安排商业保险	1. 所需经费由地方财政安排专项经费予以支付。中央财政通过转移支付予以支持 2. 服务期间给予一定的生活、交通补贴，统一办理人身意外伤害保险和住院医疗保险	1. 所需经费由中央财政统一支付 2. 服务期间享受一定的生活补贴（含交通补贴和人身意外伤害、住院医疗保险），平均每人每月800元 3. 服务期间计算工龄

续上表

细则 \ 项目名称	选聘高校毕业生到村任职工作	农村义务教育阶段学校教师特设岗位计划	高校毕业生“三支一扶”计划	大学生志愿服务西部计划
期满就业政策	选聘工作期限一般为2~3年。工作期间县级组织人事部门与其签订聘任合同。工作期满后,经组织考核合格、本人自愿的,可继续聘任。不再续聘的,引导和鼓励其就业、创业等	1. 聘任期为3年,鼓励期满后继续扎根基层从事农村教育事业 2. 聘期结束后可留在当地任教 3. 重新择业的,各地要为其重新选择工作岗位提供方便条件和必要帮助 4. 可推荐免试攻读教育硕士等	总的原则是志愿服务、期满自主择业。在派遣前均签订服务协议,服务期限为2~3年 相关的优惠政策主要有: 1. 原服务单位有空岗时聘用服务期满考核合格的“三支一扶”大学生; 2. 规定事业单位有职位空缺需补充人员时,应拿出一定职位专门吸纳等	总的原则是鼓励扎根基层,或者自主择业和流动就业,服务期限为1~3年。 1. 考中央国家机关和东中部公务员优先录取,考西部公务员加5分; 2. 服务期满颁发服务证书等

(2)党政机关录用公务员和国有企事业单位新增专业技术人员和管理人员,应主要面向高校毕业生,公开招考或招聘,择优录用。

(3)鼓励各类企事业单位特别是中小企业和民营企事业单位聘用高校毕业生,政府有关部门要为其提供便利条件和相应服务。对企业跨地区聘用的高校毕业生,省会以下城市要认真落实有关政策,取消落户限制。

(4)鼓励高校毕业生自主创业和灵活就业。凡高校毕业生从事个体经营的,除国家限制的行业外,自工商部门批准其经营之日起1年内免交登记类和管理类的各项行政事业收费。有条件的地区由地方政府确定,在现有渠道中为高校毕业生提供创业小额贷款和担保。

(5)为高校毕业生办理户口和人事档案手续提供便利。对毕业离校时未落实工作单位的高校毕业生,本人要求户口和人事档案保留在学校的,按规定保留两年。在此期间,档案管理机构对保管其档案免收服务费用。本人要求将户口转入学前户籍所在地的,公安机关应当按照户籍管理规定为其办理落户手续;人才交流服务机构负责办理相关手续;人事部门所属人才交流服务机构免费提供人事代理服务。本人落实工作单位后,公安机关按有关规定办理户口迁移手续。

(6)毕业半年以上未能就业并要求就业的高校毕业生,可持学校证明到入学前户籍所在城市或县劳动保障部门办理失业登记。劳动保障部门所属的公共职业介绍机构和街道劳动保障机构应免费为其提供就业服务。对已进行失业登记的高校毕业生,有条件的城市、社区可组织其参加临时性的社会公益活动或到用人单位见习,给予一定报酬。对于因患病等原因短期无法工作并确无生活来源者,由民政部门参照当地城市低保标准,给予临时救助。此项费用由地方财政列支。

(7)鼓励中小企业和民营企事业单位聘用高职(大专)毕业生,使大批动手能力强、适应性较好的高职(大专)毕业生有用武之地。对就业困难的应届高职(大专)毕业生,由劳动保障和教育部门共同实施“高职(大专)毕业生职业资格培训”为高职(大专)毕业生进行职业技能鉴定作准备。培训费由教育系统承担,保障部门适当减免。

第三节　职业生涯规划

“凡事预则立,不预则废”。一个人从走出校园的那一刻开始,就要单独面对社会、选择职业、参加工作。少数人的职业生涯之路走得异常顺利,而多数人则会遇到职业抉择的诸多困惑、职业发展的诸多瓶颈。每个人都需要从羽翼未丰的象牙塔青年慢慢转变成为成熟的职场人士,不断接近自己的职业理想,从而实现自己的人生价值。我们通过下面的案例来看一下职业生涯规划的意义。

案例:曾获得4枚全国举重比赛金牌,打破过一次全国纪录、一次世界纪录的邹春兰,如今在长春一家浴池做搓澡工,每搓一个澡收费5元,邹春兰能得1元2角5分,一个月下来,挣的钱不到500元。当在比赛中再也拿不到好成绩时,邹春兰拿了8万元补偿就走了,既没有想好以后要什么,也没有做好今后要从事职业的准备,以至于退役多年后,还是“不到小学3年级的文化,拼音都不会”。在我们周围,曾经风光、耀眼的职业明星如今辉煌不再,黯然沉寂的人并不少见。

相比之下,曾经也是运动员的施瓦辛格,却走出了健美冠军、电影明星、加州州长这样一个不断超越、持续发展的职业轨迹。为什么施瓦辛格的职业能持续发展,而没有像许多中外运动员那样如同一个耀眼的彗星迅速地陨落?

1947年,阿诺德·施瓦辛格出生在战后奥地利的一个普通家庭里,父亲是一位警长,年轻时一位欧洲商人曾邀请阿诺德到他美国的豪宅一游。美国一游,在阿诺德的心里燃起了一股无法扑灭的火种。他决心要到南加州,也就是当时的“健身圣地”定居,他要扬威异域。他的热忱与天分,得到了美国健身界“教父”韦德尔的赏识,并让他在南加州接受训练。据说他少年时曾有过3个愿望:成为世间最强壮的人、电影商人和成功的商人。第一个愿望在他20岁时实现了,他前后共获得一届国际先生、五届环球先生(世界健美冠军)与七届奥林匹亚先生的荣誉,这一奇迹在健美界是空前绝后的。各种荣誉纷至沓来时,他没有沉溺其中而止步不前,他清醒地认识到健美运动员是一个“吃青春饭”的职业,健美运动员只是自己成为一个动作明星的敲门砖,是职业发展的第一步。他确立了自己下一个目标:进入电影界拍大力士影片。到美国好莱坞发展后,他曾创下10年赚进超过1兆美元的惊人票房纪录。而如今,在他已达成自己少年时三个愿望的时候,他又有了新的目标:步入政界,竞选加州州长。2003年11月任美国加州州长,2011年1月3日卸任,任期达7年。

由此可见职业生涯规划的重要性,它能够让你的生命焕发出勃勃生机,能够使你获得他人的尊敬,并给你带来归属感。它是一个人对一生各个阶段从事的工作、职务或职业发展道路进行设计和规划。职业生涯规划的核心是贯穿一个人一生的过程,职业生涯规划的主体是自己,职业生涯规划的功能在于为生涯找出目标,并找出达到目标所需采取的行动。换言之,它可以让你清楚地认识到自己想干什么,能干什么,怎么干。它实质上是通过自我认识、自我探索、自我成长,最终达到自我实现的人生发展过程。

一、职业生涯规划的原则与方法

1. 职业生涯规划的原则

一个清晰明确的职业生涯规划方案需要遵循一定的原则,而不是随意制定的。在制定职业生涯规划方案的时候,可以参考以下10个原则来衡量自己的方案是否科学和客观。

(1)清晰性原则。清晰性原则是指你所订立的目标是否清晰、明确,实现目标的步骤是否切实可行。有些困难是可以通过努力来克服的,但是有些问题却是任凭你怎样努力都无法解决的。这就要求制定者要清楚地了解自己目标的可行度。

(2)挑战性原则。制定者不仅需要充分考虑自身的优缺点,而且还需要对自己提出一定的挑战,而不是仅保持现状。

(3)变动性原则。制定者在制定职业生涯规划目标的时候,要充分考虑到目标的弹性和缓冲性,如果出现了一些计划范围外的事情,制定者要能够依循环境的变化而作调整。任何一项规划都不可能完全符合当初的设想。

(4)一致性原则。一致性原则主要是指:主要目标与分目标一致,目标与措施一致,个人目标与组织发展目标一致。

(5)激励性原则。目标的制定要符合自己的性格、兴趣和特长,并能对自己产生内在的激励作用。制定良好的职业生涯规划方案不仅能够激励人不断前进,同时还能提升自己的整体能力。

(6)协调性原则。个人的目标与社会环境、职业环境要匹配和协调,不要与环境发生冲突。

(7)全程性原则。制定职业生涯规划方案时不能只看眼前利益,要做长远的打算,必须考虑到职业生涯发展的整个过程。

(8)具体性原则。职业生涯各阶段的措施不仅要清晰明确,而且要具体可行。

(9)实际性原则。实现目标的途径很多,在规划时必须考虑到自己的特质、社会环境、组织环境以及其他相关的因素,选择现实可行的途径。

(10)可评量性原则。规划的设计应有明确的时间限制或标准,以便随时掌握执行情况,并为规划的修正提供参考依据。

2. 职业生涯规划的方法

职业生涯规划是一个发展的过程,职业选择的趋向性必须依赖于个人的年龄和发展,不同的年龄和发展阶段的特征与职业生涯的选择和发展是一种相互依赖、相互作用的过程。总体而言,职业生涯规划最重要的是:既要充分发挥自己的性格特点爱好、专业知识的优势,扬长避短;又要考虑社会和市场的要求,随时掌握最新的信息。许多职业心理学工作者在进行职业咨询时都使用以下几种方法:

(1)5W分析法。5W分析法是5个"W"的归零思考模式,具体来说就是要解决职业生涯规划中的5个具体的问题。

①Who are you? 是指对自己进行一次深刻的反思,把自己的优点和缺点都一一列出来,对自己有一个全面、客观、清醒的认识。具体操作方法是:面对自己,真实地写出每一个想到的答案,并按重要性排序。

②What do you want? 是指对自己的职业发展有一个心理趋势的检查,了解自己需要什么样的职业和生活。具体操作方法是:详细回忆自己从小到现在所经历的事情,并将自己喜欢做的事情写出来。

③What can you do? 是指要清楚自己能干什么或者可能有哪方面的发展潜力。具体操作方法是:把自己有能力做的,还有通过潜能开发能够做的事写下来。

④What can support you? 是指周围可供你自己发展所需要的环境资源,通过对主客观因

素的深入调查,作出可行性分析。具体操作方法是:列出环境支持或允许我做什么事,并将自己所处的家庭、单位、学校、社会关系等各种环境因素考虑进去。

⑤What you can be in the end? 是指确立自己最终的职业目标,确定自己的职业与生活规划是什么。

(2)SWOT 分析法。SWOT 是“优势、劣势、机遇、威胁”4 个英文词第一个字母的组合。也叫波士顿矩阵、企业战略分析方法。

优势:学了什么、做过什么、最成功的是什么、忍耐力如何。劣势:性格弱点、经验或经历中欠缺什么、最失败的是什么。机遇:现在的就业形势、各种职业发展空间、社会最急需的职业。威胁(挑战):专业过时、同学竞争、薪酬过低。根据家长、老师和同学们的评价,借助于性格测验,判断自己是一个较为外向开朗的人还是内向稳重的人;对哪些问题较为感兴趣,或者擅长哪些技能;也可以分析出自己的一些弱点。

(3)内外因分析法。人生的整体规划离不开个人所从事行业的影响。时代是不断发展的,社会是不断进步的。整个社会的发展都有其行业发展的轨迹。在职海中择业,有如下 4 个问题值得考虑:

①冷门还是热门。热门职业一般薪酬高,但我们绝不能以此定职业,必须分析自己的能力所长,对已经表露出来的职业兴趣和职业特长要特别珍惜,尽量寻找符合自己特长的职业。即使一时无法就职于自己喜欢的职业也没有关系,可以在以后工作中逐步调整。

②稳定还是不稳定。中国有句老话:“三十年河东,三十年河西。”以前很红火的热门职业,现在可能一点都不吃香。但是职业稳定的概念却是相对的,计划经济时,所有职业都是稳定的,而现在,即使是公务员也有淘汰机制。所谓的不稳定,不是职业的不稳定,而是企业、单位的不稳定。作为社会分工的各种职业,在社会上永远都是需要的。

③大公司还是小企业。大公司的优点很多,比如,有良好的福利、晋升、培训体系,就职经历为以后求职带来便利。但是缺点也很明显,因为大企业人才济济和分工过细、过于明确,个人长处就不易被发现,其他能力可能很难得到锻炼。相对于大公司,在小公司工作可能身兼数职,更能展示才能,职业发展空间可能会更广阔。

④大都市还是小城镇。人才结构呈金字塔形,高端人才少。人才分布呈山地形,有的地方人才多,是高地,有的地方人才少,是平地。东北振兴、西部开发和中部崛起,这些地区的发展对中高级人才的需求都非常大。中西部地区,更是对人才求贤若渴,每年都会从发达地区甚至国外引进优秀人才。

(4)职业心理测验法。采用标准的职业心理测验量表可以比较客观地检测出自己在职业兴趣和职业能力方面的特点,从而实现人职匹配。比较成熟的职业心理测验量表有卡特尔 16PF 测验和霍兰德职业倾向测验。

霍兰德的人业互择理论以个体差异为基础,通过个体评价和职业分析使二者相结合。其方法直观简单,反映了职业指导的基本方面,并且便于实施,特别是心理测验技术的运用和发展,为人业互择提供了必要的技术手段,使得这一理论曾一度占主导地位。

二、职业生涯规划的基本步骤

职业规划是从大一,甚至从你高考填报志愿就已经开始了。对于大学生而言,大学阶段的规划可以归结为 3 个最根本的问题。

我毕业后想干什么?这是一个中期的规划,答案可能是继续深造,就业或创业。无论你选择什么样的发展道路，务必确定它是你所喜欢的，有兴趣和热情去从事的。

我觉得自己适合干什么？这个专业是不是我喜欢的专业，如果不喜欢，我有没有可能通过大学阶段的学习，培养对这一专业领域的兴趣，并把它作为我个人发展的方向。

基于上述的毕业后的规划，在校期间，你要做哪些准备？这是一个短期的目标，例如，你可能要去学习第二门外语，参加一些资格认证的考试，跨学科选修一些你感兴趣的课程，通过实践活动提高自己的动手能力和解决问题的能力等。

当然，别人走过的路，只是对你的一种参考和借鉴，别人的经验只是希望可以给你一点启发。想要全盘复制别人的成功经验，是很困难的，或者说几乎是很难成功的，因为环境和人的因素都在改变。重要的是掌握理念和方法，从宏观上来把握你个人发展的大方向，至于具体过程，是一定要自己有了切身的体会才可以理解的。大学生职业生涯规划大致可以分为以下几个步骤：

1. 确定志向

志向指一生追求的事业的发展方向和事业理想。确立志向，通俗讲就是确定自己这一生将要“干什么”，只有明确了自己要“干什么”，才能确定具体的目标，这样有利于从宏观上更好地把握职业发展方向。哈佛大学有一个非常著名的关于目标对人生影响的跟踪调查。调查的对象是一群智力、学历等条件都相差不多的大学毕业生。结果：27% 的人没有目标。60% 的人目标模糊。10% 的人有清晰的短期目标。3% 的人有清晰且长远的目标。

在之后的 25 年间，他们开始了各自的职业生涯之旅。25 年后，哈佛大学再次对这群人进行了跟踪调查。结果是：3% 的人，25 年间他们朝着一个方向努力着，几乎都成为社会各界的成功人士，其中不乏行业领袖、社会精英。10% 的人，他们不断地实现短期目标，成为各个领域中的专业人士，并生活在社会的中上层。60% 的人，他们有安稳的生活与工作，但都没有取得什么特别的成绩，几乎都生活在社会的中下层。

大导演斯皮尔伯格的电影同学们都喜欢看，比如侏罗纪公园等。他在 36 岁时就成为世界上最成功的制片人，电影史 10 大卖座的影片中，他个人就有 4 部。在他 17 岁的时候，有一次到一个电影制片厂参观，随后，他就偷偷立下了目标，要拍最好的电影。第二天，他穿了一套西装，提着爸爸的公文包，里面装了一块三明治，再次来到制片厂。他故意装出一个大人模样，骗过了警卫，来到了厂里面。然后找到一辆废弃的手推车，用一块塑胶字母，在车门上拼出来“斯蒂芬，斯皮尔伯格”“导演”等字样。然后他利用整个夏天去认识各位导演、编剧等，天天忙着以一个导演的生活来要求自己。从与别人的交谈中学习、观察、思考，并最终在 20 岁那年，他成为正式的电影导演，开始了他大导演的职业生涯。这里面，我们可以看到他是如何确立自己的目标，并为之奋斗的。

目标与理想并不是大人的事情，从小立志，并努力实现它，你就能拥有超人的力量。

确立志向，应在把握职业生涯规划理论的基础上，充分结合自身情况，审慎地作出选择。确立志向也许并不能一次完成，许多大学生往往简单根据自己的专业、兴趣爱好确立志向，但随着时间推移，发现自己并不适合这一领域。尤其是现在大学生进入某一专业领域的因素是多方面的。因此，初步选定志向以后，还要进行全面的评估，根据评估结果，作出调整。

2. 自我评估

一个有效的职业生涯设计，必须是在充分且正确地认识自身的条件与相关环境的基础上进行。对自我及环境的了解越透彻，越能做好职业生涯设计。因为职业生涯设计的目的不只是协助你达到和实现个人目标,更重要的也是帮助你真正了解自己。

进行职业定位以前,你需要审视自己、认识自己、了解自己、并做自我评估。自我评估包括自己的兴趣、特长、性格、学识、技能、智商、情商、思维方式、思维方法、道德水准以及社会中的自我等内容。因为只有认识了自己,才能对自己的职业作出正确的选择,才能选定适合自己发展的职业生涯路线,才能对自己的职业生涯目标作出最佳抉择。如何自我评估第四章已经介绍,不再赘述。

3.职业生涯环境和机会评估

职业生涯环境和机会评估,主要是评估各种环境因素对自己职业生涯发展的影响,每一个人都处在一定的环境之中,离开了这个环境,便无法生存与成长。所以,在制定个人的职业生涯规划时,要分析环境条件的特点、环境的发展变化情况、自己与环境的关系、自己在这个环境中的地位、环境对自己提出的要求以及环境对自己有利的条件与不利的条件等。只有对这些环境因素充分了解,才能做到在复杂的环境中避害趋利,找寻到适合于自己的职业生涯机会,使你的职业生涯规划具有实际意义。

(1)社会环境整体分析。

①家庭环境分析。任何人的性格和品质的形成及个人的成长都离不开家庭环境的影响,大学生在进行职业生涯规划时,考虑更多的是家庭的经济状况、家人期望、家族文化等因素对本人的影响。个人职业发展规划的确立,总是同自身的成长经历和家庭环境相关联的。个人在成长过程中,在不同时期也会根据自己的成长经历和所受教育的情况,不断修正、调整,并最终确立职业理想和职业计划。正确而全面地评估家庭情况才能有针对性地设计适合自己的职业规划。

②学校环境分析。学校环境是指所在学校的教学特色与优势、专业的选择、社会实践经验等。

③社会环境分析。对社会环境因素的了解主要包括以下几个方面:

a.社会政策,主要是人事政策和劳动政策;

b.社会变迁,比如知识经济和信息化社会的发展,就会对人的职业生涯发展产生较大的影响;

c.社会价值观,价值观会随着社会的不断发展和进步而发生不同程度的变化,从而会影响社会对人的认识和对职业的要求;

d.科学技术的发展,科技的发展会带来理论的更新、观念的转变、思维的变革、技能的补充等,而这些都是职业生涯规划中不可或缺的要素。

(2)组织(企业)环境分析。

我们周围经常发生这样的事情,同样的行业,有的人觉得越干越有意思,而有的人天天在思索如何换行业;同样的工作,有人在一个公司工作非常愉快,而在另一个公司工作却很不开心。其实只有知道了什么行业适合自己,找到适合自己的环境和氛围,才会心情愉悦、充分发挥才能、高效投入工作并取得成功。

①职业环境分析。所谓职业环境分析,就是要认清所选职业在社会大环境中的发展状况、技术含量、社会地位、未来趋势等。比如,当前热点职业有哪些,发展前景怎样;社会发展趋势对所选职业有什么要求、影响如何等。

②行业环境分析。所谓行业环境分析包括对目前所从事行业和将来想从事的目标行业的分析。分析内容包括行业的发展状况、国际国内重大事件对该行业的影响、目前行业优势

与问题何在、行业发展趋势如何等。

根据社会学家和经济学家的预测，随着中国市场经济的发展和经济结构的调整，各行业在社会发展中的地位和发展潜力也在发生变化。某些行业社会需求加大促进了这些行业的蓬勃发展，并成为未来社会发展的主导产业。21世纪巨大发展潜力的行业主要有：

a. 网络信息咨询与服务业；

b. 房地产开发业；

c. 社会保险业；

d. 家用汽车制造业；

e. 邮政与电讯业；

f. 老年医疗保健品业；

g. 妇女儿童用品业；

h. 旅游休闲及相关产业；

i. 建筑与装潢业；

j. 餐饮、娱乐与服务业。

③组织（企业）环境分析。组织（企业）环境一般包括单位类型、企业文化、发展前景、发展阶段、产品服务、员工素质、工作氛围等。首先，要确定自己适合什么样的企业文化、什么样的环境，从而找到真正适合自己要求的公司。我们每个人都面临着这样一个严肃的事实：我们必须长期地、努力地工作，如果用几年的时间做自己并不适合的工作（这种情况非常常见），那么就是在浪费生命、浪费组织的信任。

组织（企业）环境分析包括：用人单位的声誉和形象是否良好？组织（企业）在本行业中的地位实力怎样？在本行业中的地位、现状和发展前景怎样？所面对的市场状况如何？产品和服务在市场上的发展前景怎样？能够提供哪些工作岗位，是否与自己适合对路？有无良好的培训机会？组织（企业）领导人怎样？组织（企业）管理制度怎样，是否先进开明？组织（单位）文化是否与自己吻合？福利待遇是否完善等若干方面。

4. 选择职业

职业选择正确与否，直接关系到人生事业的成功与失败。据统计，在选错职业的人当中，有80%的人在事业上是失败者。由此可见，职业选择对人生事业发展是何等重要。职业选择就是要为职业目标与自己的潜能以及主、客观条件谋求最佳匹配。良好的职业选择是以自己的最佳才能、最优性格、最大兴趣、最有利的环境等信息为依据的。在进行这样的选择时，大学生要考虑性格与职业的匹配、兴趣与职业的匹配、特长与职业的匹配、专业与职业的匹配等。

因此，选择职业应注意以下几点：

①依据客观现实，考虑个人与社会、单位的关系。

②比较鉴别，比较职业的条件、要求、性质与自身条件的匹配情况，选择条件更合适、更符合自己特长、更感兴趣、经过努力能很快胜任、有发展前途的职业。

③扬长避短，看主要方面，不要追求十全十美的职业。

④审时度势，及时调整，要根据情况的变化及时调整择业目标，不能固执己见，一成不变。

5. 选择职业生涯路线

在职业确定后，向哪一路线发展，此时要作出选择。即是向行政管理路线发展，还是向专业技术路线发展;是先走技术路线,再转向行政管理路线……由于发展路线不同,对职业发展的要求也不相同。因此,在职业生涯规划中,须作出抉择,以便使自己的学习、工作以及各种行动措施沿着你的职业生涯路线或预定的方向前进。

6. 设定职业生涯目标

职业生涯目标的设定,是职业生涯规划的核心。一个人事业的成败,很大程度上取决于有无正确适当的目标。没有目标如同驶入大海的孤舟,四野茫茫,没有方向,不知道自己走向何方。只有树立了目标,才能明确奋斗方向,犹如海洋中的灯塔,引导你避开险礁暗石,走向成功。

目标的设定,是在继职业选择、职业生涯路线选择后,对人生目标做出的抉择。其抉择是以自己的最佳才能、最优性格、最大兴趣、最有利的环境、最激动人心的人生志向等信息为依据。

7. 制订行动计划与措施

行动,这是所有生涯设计中最艰难的一个步骤,因为行动就意味着你要停止幻想而切实地开始行动。如果动机不转换成行动,动机终归是动机,目标也只能停留在梦想阶段。职业规划成功的案例都是在有明确的职业目标后,在求职过程中不断与那个目标看齐。当然,并不是每一个人都具有远见,定下自己的目标,并有计划地不断朝这个方向努力的,但这一点对职业发展起着至关重要的作用。

这里所指的行动,是指落实目标的具体措施,主要包括工作、训练、教育等方面的措施。例如,为达到目标,在工作方面,你计划采取什么措施,提高你的工作效率;在业务素质方面,你计划学习哪些知识,掌握哪些技能,提高你的业务能力;在潜能开发方面,采取什么措施开发你的潜能;在人际关系方面,你准备建立一些怎样的人力资源网络等。都要有具体的计划与明确的措施,并且这些计划要特别具体,以便于定时检查。

8. 评估与调整

计划不如变化快。影响你职业生涯规划的因素诸多,有的变化因素是可以预测的,而有的变化因素难以预测。要使职业生涯规划行之有效,就须不断地对职业生涯规划进行评估、修正生涯目标、策略、方案,以能适应环境的改变,同时可以作为下轮生涯设计的参考依据。

成功的职业生涯设计需要时时审视内外环境的变化,并且调整自己的前进步伐。目标的存在只是为你的前进指示一个方向。而你是它的创造者,你可以在不同时间、不同环境下更改它,让它更符合你的理想。

三、职业生涯规划案例

案例 1:

系部:机电工程系　　班级:精模 1201　　学号:12420129　　姓名:段××

1. 职业生涯规划目的

近年来随着大学校园的扩招,大学生就业压力越来越重,其中不少毕业生就业前途迷茫,就业后频繁跳槽,就业权益受侵害事件也时有发生,所以就业前做一份合理的职业生涯规划书是重要的,更是必要的。

段某是一名极其热爱生活,富于追逐梦想的大学生,对未来充满了无限的憧憬,然而面对现实却有太多的茫然,尤其是当今社会的竞争是科技的竞争,更是人才的竞争,竞争就像前进道路上的陷阱,如果我们不做好充分的准备,必将被其所连累,还有被摧毁的危险,所以提前规划自己的生涯是比较明智的。

所以提前为自己的将来做好规划,给自己一个明确的定位,为职业生涯做一个系统而全面的梳理,把命运牢牢地控制在自己手中将是我们人生中一个无悔的创举。

努力就有收获,付出就有回报。

激情成就未来,规划实现梦想。

2. 确定志向

职业理想:作为学模具的,最大的志向就是走向企业的队伍当中去。结合自身独有的特点,理想是进入模具行业,从低层做起,最终实现自己的管理梦。人生理想:最大限度的实现自我价值,最终成为在社会上具有一定影响力的高素质复合型人才。

3. 自我剖析

(1)兴趣爱好:看书,喜欢看小说、散文,尤其爱看杂志类的书籍,听音乐,交友,聊天,还有上网,喜欢社交、娱乐。

(2)人格描述:

①看问题有很强的批判性,通常持怀疑态度,需要时常的换位思考,更广泛的收集信息,并理智的评估自己的行为带来的可能后果。

②谨慎而传统,重视稳定性、合理性;天生独立,需要把大量的精力倾注到工作中,并希望其他人也是如此,善于聆听并喜欢将事情清晰而条理地安排好。

③段某是一个认真而严谨的人,勤奋而负有责任感,认准的事情很少会改变或气馁,做事深思熟虑,信守承诺并值得信赖。

(3)自我职业能力的判断:

①个人优势剖析:段某能很顺利的完成自己的任务;能一丝不苟、认真专注地对待具体问题、事实和细节;非常强的责任意识;对待事物有稳定平和的心态;在交流方面有一定的优势;有一定的组织能力;对新鲜事物喜欢去探索;动作协调能力和空间判断能力比较强。

②个人劣势剖析:主观性弱,惰性较大;对事物总持怀疑的态度。

4. 社会环境剖析

(1)利处:从改革开放以来,中国经济持续快速稳定增长,到目前为止,中国经济仍然是处于高速发展时期。同时,模具行业的发展更是处于一个黄金时期,国家大力发展职业教育。

(2)弊处:随着人民生活水平的提高,人们综合素质的改善,就业也跟随着出现了一定的危机。每年高校毕业生的不断增长与岗位供应不足的矛盾越来越明显。所以个人职业的规划也及其重要。

朋友,美好生活我们共同开启!

5. 职业目标选择

根据段某的个人兴趣爱好、性格和适合的岗位性质,初步定下适合他的职业有:

(1)模具设计制造师。技术型工作,其所读的专业是模具设计与制造,应该朝自己专业方向发展。

(2)营销人员。喜欢与人接触,善于交际。

(3)检查员,客服人员。做事谨慎,细心。

6. 设定职业生涯目标

在校期间的目标规划:在学校学习好专业知识,同时培养与人的交际能力,因为只有自身有了过硬的专业本领和较好的人际交往能力,将来才能更好地在社会中立足。

到企业工作期间的目标规划:毕业后进入模具企业工作,为以后的创业积累经验和资本。同时希望在企业能够有足够的发展空间。

创业的目标规划:模具界商机无限,争取10年后能够自己创业。最终实现自己的人生梦想。段某之所以毕业时选择模具方面的工作,主要有以下几方面原因:

(1)兴趣:俗话说"兴趣是最好的老师"。段某爱好模具,这可能也是他选择学习模具专业最大的决定因素。

(2)社会形势:模具行业是一个高薪行业。同时模具行业的发展潜力巨大,发展势头良好。

(3)商机:模具行业的创业机会较多。

7. 制订行动计划与措施

在校期间目标的实现:加强专业知识的学习,同时考取与目标职业有关的职业资格证书或相应的通过职业技能鉴定。要积极培养自己独立解决问题的能力和创造性;积极参加学校活动,增加交流技巧;提高自身的责任感,主动性和受挫能力。

在企业工作期间的目标的实现:进入企业后,在工作的同时学习更多的实用技能,包括企业的管理运营知识。

创业的目标的实现:积累足够的经验和资本后,开始自己的创业规划。目标仍然是面向模具行业,原因在于高利润、高效益,也是自己熟悉的行业。

8. 结束语

通过规划,段某对自己有了更为准确的认识和定位,将会根据其今后的实际情况不断的调整自我,向着他的目标不断努力。他始终认为没有最好,只有更好,他相信自己的实力和能力,"虽然我的实力还不怎么强,但我毕竟还年轻,还有机会去学习,虽然我的能力目前还很有限,但我还有更大的潜力可挖,我相信我的将来会很美好,当然,这必须通过我不懈的努力才能实现。"今后他将会面对更多的压力和挑战,但对于这一切,他无所畏惧。即使在失落的日子里,他也不会沮丧和消沉,因为沮丧和消沉只会空耗宝贵的青春和生命。所以他会沿着自己的规划之路奋勇拼搏,努力奋进,用自己的作为向社会证明自己,为将来美好的生活描绘一幅美好的蓝图。

案例2:

学院:长春职业技术学院　　专业:汽车检测与维修　　姓名:刘××

汽车对于现代社会来说是不可缺少的一部分,汽车工业代表着一个国家的整体工业发展实力,汽车工业在国家经济中占据着举足轻重的地位。

进入20世纪90年代以来,轿车开始进入我们的生活,人们购买汽车就像买电器一样成为众多家庭追求的目标,这说明我国的经济实力不断增强,老百姓对生活的质量也日渐提高,2002年开始,中国私家车比例首次超过50%,接近60%,私人购车最为活跃的北京,比例已经接近90%。目前中国私人汽车拥有量已经突破了1000万辆,这一数据与欧美发达国家相比,仍存在较大差距,按每年增长20%计算,至2010年中国私人轿车拥有量将达到3600万辆。

所以汽车行业是一个十分有潜力的行业。刘某将毕业两年后的职业规划定为汽车营销。

1. 自我审视

(1)个人性格:从小就比较活泼开朗,有亲和力,富有想象力,有责任心,善于观察。在同学和朋友眼中,刘某一直是个开心果,做事乐观。自尊、自信,有较强的进取心,遇事能独立思考,有自己的想法与见解,做任何事情,都会力争做到最好。个性温和,因此很少和同学翻脸矛盾,此外做事非常认真,有着无比决心,凡事都能静下心做好。

(2)个人兴趣:从小就喜欢蹦蹦跳跳,对汽车有很强的好奇心,平时比较喜欢打羽毛球。

(3)个人价值观:走自己的路,让别人说去吧,用自身的拼搏创出属于自己的汽车天地!

(4)个人能力:刘某现在就读于长春职业技术学院,所学专业是汽车检测与维修。社交方面还需进一步加强,能安静聆听他人的诉说,并能鼓励他人。他有着对工作的强烈的热情和高度责任感。十分注重细节,能够准确地把握事实,最后通过实践来完善其个人能力,并为这一职业目标而努力奋斗。

2. 环境分析

(1)家庭环境:家庭条件一般,由于喜欢各类汽车,想要多了解有关汽车方面的知识。因此选择了汽车检测这个专业。

(2)学校环境:其就读的学校环境优美,校风淳朴,有很高的文化底蕴。所学习的专业基本上实行理论实践一体化教学,充分锻炼他的动手实践能力。

(3)社会环境:这两年房地产被炒得火热,消费者在解决了住房问题之后,最大的消费品将是汽车。家庭汽车也在迅速普及。从一些资料显示,现在汽车检测人才严重匮乏。而作为汽车检测人才除了必须深切领悟以客户为中心的检测理念外,还必须具备汽车专业知识、心理学、美学以及公关学。市场发展如此迅猛,因此汽车检测人才储备培养已显示出严重滞后,从而导致人才匮乏。

(4)职业环境:随着时代的发展,社会的进步,人们的物质生活水平越来越高,我们身边买汽车的人也越来越多,汽车消费呈不断上升趋势,相信不久的将来,汽车肯定会走入千家万户,成为人们出行必不可少的交通工具。据调查,随着汽车保有量的迅猛增加,汽车美容养护业也是迅速发展起来,市场急需要服务专业、规范,技术水平高超,有良好职业素养的美容养护人员,因此,职业前景非常广阔,大有一番作为。

3. 职业定位

(1)职业目标:根据个人特点和职业环境分析,他希望自己开一家汽车4S店。

(2)职业发展路径:普通的汽车检测员→成熟的汽车检测员→开一家汽车4S店→开汽车4S连锁。

(3)SWOT分析,见表6-2。

SWOT 分析 表6-2

环境因素	自我分析
优势因素	1. 有着对汽车专业的热情; 2. 有良好的协作能力,能和别人建立和谐友好关系; 3. 能吃苦耐劳,有志气; 4. 具备相关行业的基本素质; 5. 汽车行业发展迅猛,有较多机会

续上表

环 境 因 素	自 我 分 析
弱势因素	1. 本专业的知识更新较快，不学习就会落伍； 2. 说服能力和表达能力一般
机会因素	1. 积极参加各种比赛，锻炼自己，提高自己的能力； 2. 增添了社会互动关系； 3. 学校内有自身的就业老师做指导
威胁因素	1. 专业有一定风险； 2. 随着中国经济的快速增长，我国的商业竞争压力很大，想在其中取得巨大利益十分困难

4. 阶段规划

(1)阶段一(17 岁 ~18 岁)。

大学第一年，主要学习文化基础课程，力争每门功课取得优异成绩，同时积极参加学校组织的各类特长培训，考取英语等级证书，计算机 NIT 证书等。积极参加学校组织的各类活动，培养交际能力、组织能力。考取本科院校学习，为提高学历做准备。

(2)阶段二(18 岁 ~19 岁)。

大学第二年，主要学习汽车专业理论方面的知识，如汽车专业英语、汽车检测、电工电子等课程，在课堂上认真听讲，课后认真完成老师布置的任务，积极参加技能训练，规范操作，培养职业素养。同时到学校图书馆借阅汽车美容方面的专业书籍、杂志，开阔其视野，了解最新的汽车检测与维修知识。

(3)阶段三(19 岁 ~20 岁)。

大学第三年，继续学好汽车专业理论课程，保持优异成绩，不断提高自身技能水平，力争能代表学校参赛并获得奖项，要在全校汽车专业学生中当佼佼者。

(4)阶段四(20 岁 ~21 岁)。

大学最后一年顶岗实习，学校会组织社会实践活动，刘某会积极投身到实践中去，了解汽车检测与维修行业的实际运作过程，学习汽车检测方面的实际操作知识，增加社会经验，大幅度提升汽车检测方面的操作技能，基本成为符合企业要求的人才。同时，撰写好毕业论文，以优异的成绩毕业。

(5)阶段五(21 岁 ~30 岁)。

步入社会。刘某会去正规的汽车企业或汽车 4S 店应聘，从基层维修人员做起，不断在企业中学习汽车营销知识，提高自己的技能水平，抓住一切机会发展、锻炼自己，要形成自己的专业特长，成为企业里的技术骨干。同时完成本科学历教育，取得本科学历。成为一名优秀的汽车检测员。

(6)阶段六(30 岁 ~50 岁)。

开创属于自己的事业，拥有属于自己的汽车 4S 店，不断发展壮大店的规模与实力。

5. 发展措施

美国成功学大师安东尼·罗宾逊曾提出过一个成功的万能公式：成功 = 明确目标 + 详细计划 + 马上行动 + 检查修正 + 坚持到底。一件事的成功不仅在于有目标、有计划，更重要的在于实际行动，只有行动了才会向着人生理想一步一步迈进，才能把“大象一口一口吃完”，否则，计划制定得再周密都是纸上谈兵、空中楼阁，最后只能一无所获、碌碌无为。虽然现实是未知多变的，定出目标计划随时都可遭遇问题，但他会用清醒的头脑，坚忍的意志去克服前进中的困难，清除一切障碍，不达目标不罢休。为实现目标，他将从以下几个方面进行努力：

（1）学好理论知识，打好坚实基础。

理论学习非常关键，它是一切实践活动的基础。刘某需紧紧抓住在校时间，努力学好各门功课，尤其是专业理论课，将知识一点一点积累起来，并融会贯通，综合利用。具体学习计划如下：

①每天认真听讲，做好笔记，课后及时复习，温故知新，形成扎实的专业理论知识，掌握较高的技能水平。同时认真学好德育课，职业道德课程，提高自己的思想道德素质，培养良好的职业素养，为将来就业打好基础。

②汽车专业理论知识点很多，仪器设备的实践操作要求较高，学习具有一定的困难，要在思想上做好准备，要有耐心、恒心、信心，专业实习时，不怕苦不怕累，培养一丝不苟的工作作风，具备强烈的责任心，认认真真、踏踏实实完成每项工作。

③在专业课知识上，发扬钻研精神，遇到不懂的地方积极寻求解决办法，平时多去一些汽车维修企业、营销店参观和学习，理论联系实际，深化对知识的理解，开拓眼界和思维。

④业余阅读大量的汽车美容专业的相关资料，作为课堂学习的补充。通过杂志、报刊、网络及时了解汽车检测行业发展的动态，紧跟行业发展的最前沿。通过理论学习和实践，逐步完善个人的知识结构，拥有丰富的知识储备，为将来从业奠定一定的基础。

（2）多实践，多积累经验。

优秀的汽车检测员，都少不了实践经验的积累，刘某需养成良好的学习、工作习惯，随身带个小记录本，及时记录工作中的心得体会，养成善于观察、善于思考、善于总结的习惯，多与学校汽车专业老师交流，多与汽车营销店的师傅交流，获取一切有用的经验和信息。

（3）注重生活积累，全面发展能力。

生活中处处充满着学问，一个成功的人身上，除了具备一流的专业知识之外，往往还有着过人的智慧与良好的品质，成功绝不可能是一蹴而就的，这就需要刘某平时注重生活中的积累，全面发展个人能力，形成正确的世界观、人生观，养成良好的习惯，为顺利实现理想保驾护航。

6. 调整评估

职业规划对刘某来说是个长远的发展目标，也许在实现每一步的规划过程中会产生很多规划时未能预知的情况，一个人若要获得成功，必须拿出勇气，付出努力、拼搏、奋斗，成功不相信眼泪，成功不相信颓废，成功不相信幻影。所以，就算遇到再大的困难，也不应气馁，根据实际情况调整好自己的心态，带着足够的勇气和胆量，去克服困难，努力朝着自己的奋斗目标一步一步前进，总有一天，刘某会成为汽车 4S 店老板。

7. 职业规划总结

成功的道路上会遇到许许多多的坎坷，俗话说：失败乃成功之母，从哪跌倒就从哪爬起来，总有一天他会站在高峰上俯视全世界，相信他是最棒的！

案例 3：

学院：广西工学院　　专业：社会工作　　姓名：张 × ×

当年华逝去，过去已变得苍白，就像一张白纸，漫无目的地在天空飘荡，飘荡至远，消失在天际。然而现在就要翻开新的画页,随着画笔的勾勒开始涂鸦。

梭罗说过:“人是自己幸福的设计者”。作为当代大学生,都不希望在自己的职业生涯中浪费宝贵的生命,所以选择做职业规划,而且必须做职业规划。因为人只有有了目标,才会有动力。路是脚踏出来的,历史是人写出来的,人的每一步行动都在书写自己的历史。

有句话说得好:“大一的时候不知道要干什么,大四的时候知道要干什么已经晚了。”为了不被以后的现实与理想碰撞擦出的火花刺伤,就要做一份较详尽的职业规划。

职业生涯规划简而言之就是:知己、知彼,择优选择职业目标和路径,并用高效行动去达成职业目标。

1. 自我认知

(1)个人简介:张某是一个乐观开朗的在校大学生,现读大二,所学专业为社会工作。现任系学生会秘书处副秘书长,曾参加过青协组织的燎原路小学义教,做过手机促销员,发过传单,还做过饭店服务员。中学时获得了学校举办的有关青少年犯罪方面的征文比赛一等奖,还获得过优秀团支书、优秀运动员等荣誉称号。在大学期间获得了广西工学院舞蹈协会举办的交谊舞比赛第八名。具有较强的人际沟通能力和组织协调能力,思维敏捷,口才较好。兴趣广泛,篮球、乒乓球、长跑、舞蹈等都是他爱好的运动。

(2)职业兴趣:心理学家认为,兴趣是人积极探索某种事物的认识倾向。有了这种倾向,人就会对这种事物给予优先的注意,并且有向往它的心情。

兴趣在人的职业活动中具有重要作用。研究表明,如果一个人对某种工作有兴趣,能发挥他全部才能的80% ~90%,且长时间保持高效率不感到疲劳;如果对某种工作没有兴趣,只能发挥他全部才能的20% ~30%,且容易筋疲力尽。

下面是该生的职业兴趣测评结果见表6-3。

职业兴趣测评结果 表6-3

类型名称	得分	类型解释
管理型	7分	乐观主动,好发表意见,有管理才能
社会型	6分	为人热情,擅长于与人沟通,人际关系佳
常规型	6分	忠实可靠,情绪稳定,缺乏创造力,遵守秩序
艺术型	3分	思维活跃,创造力丰富,感情丰富
实际型	3分	做事踏实,为人安分,不擅长于社交
研究型	2分	思维缜密,擅长于分析,倾向于创新

结合该生的实际情况来说,该生喜欢表达自己的意见,希望用自己的意见影响别人。希望得到别人的尊重以及社会认可和肯定。渴望能成为一个风光无限、很有权威、卓有成就的人物。

该生为人热情,乐于助人,与人和善,凡事能为别人着想,渴望与人沟通,又觉得自己很欠缺沟通的技巧,有时说话太过直接,很容易得罪人。不太善于人情世故,却有一颗真诚待人的心。所以发展和维系人际关系的主要方式就是真诚。该生很喜欢笑,喜欢与幽默风趣的人交往,偶尔也会开个小玩笑调节一下气氛。

以上测评基本上能准确反映该生个人的职业兴趣,尤其对管理型的工作有较大兴趣,这对该生规划成为一名优秀的社会工作行政人员有很大优势。

(3)职业能力:

张某的职业能力测评结果见表6-4。

职业能力测评表 表6-4

能力类型	得分	能力类型	得分
基本智能	7	推理能力	7
语言能力	8	人文素质	8
数理能力	8	信息分析能力	7

该生的具体情况是思维活跃,总有新奇点子,喜欢从新的视角看问题,见解较独特,做事认真。善于与人沟通,人际关系很好。这对该生成为一名优秀的社会工作人员很有帮助。

(4)个人特质。人才素质测评报告结果显示该生具有支配服从型特征,具体情况如下:

①一板一眼有条不紊地做工作;

②强势并且直接;

③事情做对最重要;

④直述心中想法;

⑤讨厌谈及私事和心情;

⑥倾向自己解决问题。

该生的具体情况:很强势,心直口快。但并不是一个讨厌谈及私事和心情的人,恰恰相反该生喜欢与别人交谈,喜欢与朋友分享心情,分享一些有趣的事情。喜欢把心里的委屈倾吐给好朋友,从而缓解压抑的心情。虽然该生很喜欢在团队中解决问题,喜欢与别人合作,但在缺少真心朋友的情况下,一些事情就更倾向于自己解决,因为很多时候没人可以帮你,只有自己帮自己。所以该生更适合做独立性要求高,有一定支配性的工作。

(5)职业价值观:该生的人才素质测评结果显示见表6-5。

人才素质测评表 表6-5

价值类型	得分	价值类型	得分
经营取向	4	家庭取向	6
经济取向	2	才能取向	4
志愿取向	4	自由取向	1
自尊取向	4	自我实现取向	6
支配取向	5		

取其中最高分的3项为:家庭取向、自我实现取向、支配取向。

①家庭取向。家庭取向者愿过十分平淡但又安定的生活,珍重同家人的团聚。为人踏实,生活态度保守,不敢冒险。

家庭取向者在工作中的优势:

a. 有较高的稳定性和忠诚度;b. 做事勤奋踏实;c. 重视同事个人情感。

家庭取向者在工作中的劣势:

a. 进取心不够;b. 处事比较保守;c. 工作状态易受家庭影响。

②自我实现取向。自我实现取向者对诸如平常的幸福、一般的惯例等毫不关心,一心一意想发挥个性,追求真理。不考虑收入、地位及他人对自己的看法,尽力挖掘自己的潜力,施

展自己的本领,并视此为有意义的生活。

自我实现取向者在工作中的优势:

a. 重视他人感受与价值;b. 做事目标明确;c. 有强烈的发展、提升意识。

自我实现取向者在工作中的劣势:

a. 可能不够客观;b. 对自身利益考虑不够;c. 有时过于敏感。

③支配取向。支配取向者也称独断专行取向者。支配取向者想当组织的一把手,飞扬跋扈,无视他人的想法,为所欲为,且视此为无比快乐。

支配取向者在工作中的优势:

a. 善于决断;b. 工作作风凌厉;c. 做事有担当。

支配取向者在工作中的劣势:

a. 可能表现得独断专行;b. 听不进他人意见;c. 为追求权力而损害他人。

经分析测评结果得知:3 种价值取向对于做一名社会行政工作人员,尤其对于一名社会行政领导来说各有利弊。对于以后的学习、工作中要注重发挥自身优势以弥补自身劣势,以使自身特点更加适合这一工作。

(6)胜任能力(见表 6-6):

胜　任　能　力　　表 6-6

优　势　能　力	劣　势　能　力
1. 精力旺盛,追求成就与效率; 2. 注意细节与精准度; 3. 工作讲究条理与计划性; 4. 强势作风完成艰巨任务	1. 只谈实际的事务; 2. 不信任; 3. 会把实情藏在心中; 4. 注重追求结果

(7)360°评估:

①家人:活泼好动,多才多艺,社交能力强,勇敢,不足的就是做事爱着急,性子倔强。

②老师:有上进心,工作主动积极,喜欢经常与老师沟通。

③朋友:人际关系良好,为人豪爽,有同情心。但容易感情用事,着急时易发脾气。

(8)个人分析小结:

①专业兴趣——喜欢从事社工行业工作。

②个人性格——开朗大方、勇敢、实事求是、富有同情心、有责任心。

③角色因素——很好的人际关系让我乐观开心的生活,学习生活上也得到了很多人的支持。

④知识水平——学习认真刻苦,成绩优秀,知识面广。

⑤能力素质——有文化、有素养、有温和亲切的形象,有良好的艺术素养,可以让自己在社工的工作中更加顺利。

(9)个人认知小结:

通过对个人认知的综合测评分析,客观清晰地认识到了自身所存在的优势与劣势,对规划自己的职业生涯有了更加准确的方向把握。在当前学习与今后的工作中,趋利避害,争取早日实现自己的规划目标。

2. 职业认知

(1)家庭环境分析:

家庭经济状况因兄妹 3 人上学每年都入不敷出,父母均为农民出身,文化水平较低,但父母极为支持孩子上学。经济状况不好及父母的期望,激励了张某更加努力的学习,以改变自身甚至家庭的命运。

(2)学校环境分析:

广西工学院是国家于1958年批准在南宁创办的普通全日制高等学校,是一所以工科为主的多科性普通本科院校,是教育部确定的全国重点建设职业教育师资培训基地。张某所学专业为社会工作,社会工作为一新兴专业,社会知名度不高。因参加实践机会不多,个人社会实践经验不足。种种因素对张某以后的工作产生了一定的不利,但是也更加激励了张某努力奋斗的决心。

(3)社会环境分析:

全国有200多所高校开设社会工作专业,每年培养的社工人才约为1万人,尽管按照社会需求,这些人远远不够用,但实际上却仅有10% ~30%的学生选择了相应的社会工作,其他相当部分则进了机关、企业等单位从事"不对口"的工作。不少社工专业的学生觉得自己"就业前景太不乐观"了,专家认为,造成这种"不乐观"的主要原因在于:我们的专业化走在了职业化的前面。

(4)职业环境分析:

①行业分析:

a. 社会工作产业属新兴产业,职业化程度不高,相关法律制度不够成熟。

b. 但随着我国经济的不断发展,人民生活水平的提高及政府职能的转型,对社会工作的发展突出了很高的呼声。

c. 此行业的迅速发展必然对专业人才提出要求,而目前专业人才,尤其是管理型人才缺口很大,所以就业有一定的现实保障。

②职业分析:

a. 社会工作行政是在政府行政系统中或非营利组织中,将社会福利政策转化为社会服务的活动。

b. 社会行政在教育、卫生、社会保险、社会保障、社会福利服务领域及非营利组织中都发挥着重要作用。

c. 随着我国社会保障制度的不断完善及民间慈善机构的发展,对有专业社会行政技能的社工提出需求。

③企业分析:

a. 社会工作行政是在政府行政系统中或非营利组织中,从事管理及社会福利资源分配的工作。

b. 因为目前我国南方已经有了一定的发展,但是北方大部分地区纯民间非盈利组织少之又少,已有的组织中管理制度又不够完善,缺乏专业社会行政人才。

④地域分析:

a. 柳州市在我国属中等发达城市,且是一座工业城市,居民收入中等水平。

b. 目前柳州市民间非营利机构发展滞后,专业的社工机构则没有一家。

c. 社会行政在柳州市发展前景广阔,"万事开头难"同时发展难度也略见一斑!

(5)职业认知小结:

由于社会工作行政的新兴性特点,同时决定了它发展的广阔性和艰难性。选择社会行政,就要求选择知难而进的决心与勇气,坚定对未来的美好希望!

3. 职业定位(见表 6-7、表 6-8)

SWOT 分析与归纳 表 6-7

	优势因素(S)	弱势因素(W)
内部环境因素	1. 扎实的专业知识; 2. 优秀的人际交往能力; 3. 踏实稳重独立的性格; 4. 工作有条理和计划性	1. 知识面涉猎较窄; 2. 有独断专行倾向; 3. 墨守成规、处事保守; 4. 缺乏随机应变的能力
	机会因素(O)	威胁因素(T)
外部环境因素	1. 专业人才缺乏; 2. 发展前景广阔; 3. 国家政策鼓励; 4. 公民慈善意识增强	1. 大政府小社会传统; 2. 职业社会知名度低; 3. 专业人才素质低; 4. 政策支持不够

职 业 规 划 表 6-8

职业目标	将来从事非营利组织行业的社会工作行政管理职业
职业发展策略	进入非营利组织(NPO)、非政府组织(NGO)发展
职业发展路径	先从基层做起,然后逐步向上发展,走管理型路线
具体路径	基层社会工作者——中层社会行政者——高级社会行政者

4. 计划实施

(1)总体计划(见表 6-9)。

计划实施一览表 表 6-9

名　　称	短期计划(本科学习阶段)
时间跨度	2010~2013 年
本期目标	顺利毕业,取得助理社工证及心理咨询师三级证书,考研
细分目标	大二通过英语四六级考试及计算机二级考试,大三准备考研,大四考取助理社工证及心理咨询师三级证书
计划内容(参考)	坚持学习英语,顺利通过四六级考试,参加考研培训班的学习及心理咨询师的培训学习
策略和措施(参考)	在学好专业知识的同时,争取一次性通过其他等级考试及资格考试
备注	四六级、助理社工及心理咨询师三级考试一定要通过;若第一次未考取研究生,则先工作并且继续准备下一年考研,规划时间节点顺延一年
名称	中期计划(本科毕业后五年内)
时间跨度	2013~2018 年
本期目标	研究生毕业,同时就业,通过社会工作师考试
细分目标	2016 年研究生毕业,同时就业,2017 年取得社工证
计划内容(参考)	研究生期间多发表论文,多参与社工实践。毕业后到深圳找到满意的工作,积累工作经验,然后准备考取社工证
策略和措施(参考)	研究生毕业后,无论工作是否对口,都得先就业,然后在考虑择业
备注	研究生顺利毕业,找到满意的工作,考取社工证;若两次都没能考上研究生,则暂时放弃考研的计划。中期计划就是在工作中不断提高自己,自主深入学习,考取社工证,成为一名中层社会行政者

续上表

名　　称	长期计划(本科毕业后十年内)
时间跨度	2018～2023 年
本期目标	成为一名高级社会行政工作者
细分目标	争取 2022 年之前获得高级社会工作师证书
计划内容(参考)	努力工作,坚持学习,坚持锻炼身体,与同事和睦相处;2017 年之前与相爱的人结婚;积累财富和经验,准备创业
策略和措施(参考)	努力工作,不断学习提高,获得高级社会工作师证书,积累财富和经验
备注	若未能读研,则结婚的时间可以提前;视具体情况,可推迟或提前创业计划

(2)具体计划,实施计划一览表已经包含张某的具体计划。

5. 评估调整

(1)评估的内容。

①职业目标评估:从事社会行政管理工作,成为一名高级社会行政者是张某本科毕业后10 年内的最高职业目标。但是,在实现目标的过程中,如遭遇大的挫折(如未能找到满意的社工类工作、现有社工工作发展空间很小很难达到张某的择业发展目标等)张某会选择考取与社工工作性质比较接近的公务员作为张某的备用职业,最终张某还是可以回到社会行政事业上来。

②职业路径评估:条件允许,发展总方向坚持不变。当事业遭遇不顺时,张某会积极动用一切条件以支援张某的事业。当就业初期所从事的工作为非社会行政职业时,只要自己认为是有发展前途的,能提高自身职业水平的其他社工类职位张某也会继续做下去。

③实施策略评估:实施策略可据现实条件适时调整,但总体上"考研—就业—择业—创业"的总策略不会改变。

④其他因素评估:内因起决定性作用,但也万万不要忽视外因的作用,重视计划的权变性。价值观测评显示张某为家庭取向性,争取使家庭成为自身事业成功的动力。

(2)评估的时间:

张某会随时以日记的形式记录自己的生活,其中渗透了对自己规划的评估,同时也会每半年对规划进行评估。当出现特殊情况时,会及时根据实际问题进行相应调整,优化规划方案。

(3)规划调整的原则:

①客观性:以事实为依据,切不可"知难而改"。

②经济性:在经济允许条件下规划方案。

③权变性:适时调整规划方案。

④效益性:坚持效率优先。

⑤稳定性:计划既已定,决不可因主观原因随意改动。

6. 结束语

"我的未来我做主,我的职业我规划,对以后该做什么,如何去做,是不可能一下子就能明了的,可是不去想、不去思考是永远也不会明白的。相信通过这次职业规划大赛,我会不断地审视自己,不断激励自己,不断地去争取成功,获取胜利。"这一份职业规划对于张某来说,虽然不能决定他的命运,但却不仅让他更清楚地看到自己,更为他照亮了前方的航程,给了他前进的动力。“路漫漫其修远兮，吾将上下而求索”！

第四节　自主创业

一、创业意识与创业能力

创业意识是指一个人根据社会和个体发展的需要所引发的创业动机、创业意向或创业愿望。创业意识是人们从事创业活动的出发点与内驱力，是创业思维和创业行为的前提。

诚然，创业的道路是艰辛的，其原因主要是难以发现和把握商机以及资金和自身能力不足等。但是没有人是完全不可以自主创业的，只是一些学生因受传统思想影响，不愿走自主创业之路，把找工作寄托在父母及亲友身上。翻开历史的长卷，古今中外，那些出人头地的企业家，大多都是怀着强烈的创业意识和愿望，从自主创业开始的。也许他们开始并没有什么经营经验，但是因为坚信“创业是致富的唯一途径”，因此虽然历尽辛苦，依然矢志不渝地迈向自己的人生目标，最后走出了不平凡的人生。在宇宙自然大规律的框架下，特别是在人类社会活动领域意识发挥其强大的反作用，促使主体去不断改进。正如有了爱迪生才有电灯，有了艾菲尔才有艾菲尔铁塔，有了瓦特才有蒸汽机一样。如果没有他们那种努力探索的意识，即使机遇到来，也照样会错过。

创业意识由创业需要、动机、意志、志愿、抱负、信念、价值观、世界观等组成，成功的创业者一般具备以下10个方面的意识与能力。

1. 创造梦想、发现机遇的意识与能力

一般认为好的创业者应该是善于发现商机的人，但是什么样的人才能发现别人发现不了的机遇呢？是那些习惯于创造梦想的人。梦想会指引他去寻找、捕捉机遇，并将机遇转化为恒久追求的事业。

任何伟大的事业都源于伟大的梦想，而伟大的梦想却起源于创造梦想的人。当微软刚开始创业的时候，其创始人比尔·盖茨就提出这样一个伟大的梦想：让计算机进入每一个家庭，并放在每一张桌子上。进入21世纪后，微软又提出新的梦想：通过优秀的软件赋予人们任何时间、任何地点、通过任何设备进行沟通和创造的能力。伟大梦想的指引，是微软之所以成为伟大公司的根本原因。

2. 凝聚梦想、专注热爱的意识与能力

创业者光有梦想还不够，还要能够把过去的梦想进行优选提炼，凝聚成为一生的热爱和追求，并把这种热爱和追求与所创业的领域融为一体，才能保证有足够的耐心和坚韧、有足够的勇气和信心，去战胜各种艰难险阻和困境挫折，坚定不移地甚至是寂寞地走自己认定的道路。

3. 学习新知、进取提升的意识与能力

任何事业，光有一股狂热激情，哪怕是再持久也不够。还要有不断学习新知识、新经验、新技能，补充自己不足、提高自身水平的强烈意识。为了实现自己的梦想、追求自己热爱的事业，就必须勇于突破专业、职业、年龄、性别、环境等诸多条件的限制，以孩童般强烈的好奇心和求知欲，对凡是有益于自己事业的东西，都如饥似渴地学习：不懂技术学技术、不懂管理

学管理、不懂营销学营销、不懂财务学财务……不断地完善自己，永无止境。

我们常说创新是创业者必备的素质。但创新从何而来？来源于永不停步的学习。学习是创新的基础，是人的第一需要。

4. 坚持社会公理、科学理性思维的意识与能力

在信息繁杂和知识爆炸的年代，怎样才能确保所学知识和所作决策的正确方向？唯有强烈的认知并坚信真理的意识，才是创业征程中指路的明灯。就像数学家坚信勾股定律、圆周率，物理学家坚信物质不灭、能量守恒定律一样。创业者必须坚信的一条是：付出必有回报。因为市场经济的基本规律是等价交换，无论个人还是组织，只有与社会和谐共存，为社会付出贡献，善待消费者，才能长久地生存发展。同时坚信人之初、性本善，人之初、性本上（积极向上）的基本人性不会改变。然后用这些基本的原理原则，进行科学的、理性的、逻辑的分析推理，构建一系列指导自己和团队行动的理论体系。其中最重要的东西，就是你的团队的愿景、核心价值观和使命，这是企业稳健发展的命脉，是企业战略决策清醒正确的保证，是照亮企业前进航程的灯塔。

像世界500强著名企业IBM创始人托马斯·汉森，从创立公司之始，就依据社会和经营的基本原理，确立了明确的企业原则和坚定信念。如依据以人为本的公理，确定必须尊重个人的理念；依据市场经济等价交换的原理，确定必须尽可能给予顾客最好服务的理念；依据物以稀为贵、付出即有回报的原理，确定必须追求卓越工作表现的理念。历任公司领导的首要职责，就是将这些准则烙印在每个员工心上，使他们都明白IBM的根本是什么，从而为企业近百年健康发展奠定了坚实的思想基础。

5. 突破陈规、创新创造的意识与能力

条条道路通罗马。罗马只有一个，但通往罗马的道路却不同。每一个创业者的背后，都有许多鲜为人知的故事。他们成功的荣耀是相同的，但每个人成功的方法和历程却千差万别。创业者的经历、环境、素质、所从事的行业领域各不相同，创业过程中遇到的矛盾和问题也不相同，必须要靠当事人的创新与突破，才能开辟一方新天地。任何的创业，都是一种探索、一种冒险，绝没有一劳永逸的成功秘籍，也没有预先画好的地图。一切都要因时、因地、因人、因事而异。离开创新和创造，创业就是一句空话。

6. 平和心态、调节情绪的意识与能力

创业是艰苦的，创业者承受的心理压力是外人难以想象的。创业的不同时期，经常要面对发展机遇、陷阱诱惑、市场竞争、经营风险、兴衰存亡等重要关口。这些都是考验创业者心理素质的关键时刻。历史和现实当中，在此时情绪失控、丧失理智、迷失方向、铸成大错的比比皆是，甚至因为无法承受压力和责任，而踏上不归之路的也大有人在。创业者即企业的领导人要成功闯关，必须拥有和保持或慷慨激昂、或热情奔放、或沉着冷静、或坚忍不拔、或果敢无畏的心理状态。

而且不论在何种心理状态下，创业者内在最核心的深处，都必须始终保持一种清醒和理智。面对任何事情、任何结果，在人力已尽的情况下，就要用平和的心态看待无奈失意、成败得失、功过褒贬。做到"力所能及之事全力以赴，力所不及之事泰然处之"。唯有如此，方能处变不慌、宠辱不惊，排除外在的干扰或诱惑，朝着认定的方向和目标奋进。

7. 关注细节、紧盯结果的意识与能力

真正的商人和成功的创业者，无一不是最务实的。无论做什么事，都讲求效果的最优化

与结果的最大化。他们制定任何计划、倡导任何理念,最终都会实实在在地落地。即使是看似空泛的企业核心理念或口号造势,都必定有助于真正目标的实现。关注执行过程的细节与控制执行的结果,是一个问题的两个方面。成败根源于细节,细节决定成败。

日本人的精细是出名的。松下幸之助曾精辟地指出,精细化管理时代已经到来,企业的竞争就是细节的竞争,注重细节让你立于不败之地。

8. 改造员工、影响他人的意识与能力

在创业时期的团队,人力资源必定是极其匮乏的。已有的人员不是缺乏知识技能,就是缺少经验素养。再加上社会关系生疏,可以调动借用的外部资源稀缺。作为创业者,要培养增进自己对内点石成金的功夫、对外借力整合的能力。要达到这一点,创业者必须有强烈的影响和改造他人的意愿和意识。对员工和下属,创业者必须在布道传经、授业解惑、指导说服、设立标准、转变观念、纠正习惯、校正行为等方面下工夫,来提高员工素养、培养团队精神、凝聚团队力量。创业者对外要有强烈的意识去影响和改造与自己事业有关联的组织和个人,如政府职能部门、政府官员、媒体、银行、投资者、经销商、消费者等,最大限度地改善外部环境,调动所有力量支持自己的事业。

9. 敢担责任、直面挑战的意识与能力

创业者必须清醒地意识到,自己是这个团队的领导人,应当对团队最终的结果负全部责任。任何逃避和推脱都是无效的、荒谬的。特别是当团队遇到重大决策或危急关头时,所有的人都不敢、也不能出来承担了,唯独你必须出头拍板作决定,或出面承担责任和后果。只有这样,这个团队才有中流砥柱,员工才有主心骨,你才能赢得所有相关人员的尊重和信赖,才能使这个团队有战斗力、有持久力。

最高境界的创业者,总是勇于面对挑战,主动迎接挑战。因为此时不仅你,而且对你的竞争对手来说,也同样处在重大关头。如果竞争对手退却了,你反而知难知危而进,将一举战胜对手,脱颖而出。

10. 居安思危、保持自省自警的意识与能力

创业是一种冒险,是一种风险很大的社会实践活动。不少创业者一开始并没有做好创业的心理准备,贸然踏上这条艰辛之路,结果遇到一点危机,就半途而废、中途夭折。更多的情况是,创业者在刚开始创业时,还是具有比较强的拼搏进取精神,也比较能吃苦耐劳、勤俭节约。但创业到一定程度、企业有了一点成就后,由于不愿再承受更多的压力和责任,很多人会产生小富即安、贪图享受、不思进取的心理,有的甚至被小小的胜利冲昏头脑,变得忘乎所以。从此失去了刚创业时期的那种敏锐和忧患意识。而真正的危机恰恰就在这时降临。保持居安思危、与时俱进的意识,是创业者永葆青春与活力的根本保证。

二、创业准备

1. 创业动机与目标准备

(1)创业者的动机:创业者的动机有下面几种:实现一个梦想;追求独立;建造一个能发挥才干的舞台,以体现自身价值;发现了机会;摆脱困境;试试运气;受他人的激励或跟随潮流,模仿别人以及其他。

(2)创业目标大致可分为4类:想要实现个人梦想、相信创业是致富的唯一途径;能在市场上发现机会、并相信自己的经营模式比别人更有效率;希望将拥有的专长发展成为新企

业;已完成新产品开发,而且相信这项新产品能在市场上找到利润空间。

2. 自身基本素质和条件准备

在创业开始之前,创业者需要评估自己的优势和劣势,看看自己是否具备创业的素质和能力。你适合创业吗?你的创业冲动能强到长时间保持创业激情吗?你的身体和精神状态适合创办企业吗?你的家庭支持你创业吗?你准备承受创业初期的风险了吗?

3. 创办企业战略和环境条件准备

(1)创业企业战略目标准备,如:生产率目标、财力资源目标、人员及组织目标、市场目标、产品目标、盈利能力目标、研究与开发目标、社会责任目标。

(2)创业企业战略:市场营销战略、组织战略、生产战略、财务战略、成长战略、竞争战略。

(3)制定出目标市场定位与竞争战略:是否进行了充分的市场调查?是否进行了市场细分?是否明确了目标市场?是否已确定了要提供的产品和服务?如何进行市场营销?

(4)考虑创办企业的相关资源与条件:产业优惠政策、周边环境条件、创业资金的来源与筹集渠道、方法、外部可利用的其他资源条件。

4. 创业的心理准备

创业炼狱的开始,就要准备吃苦,在创业期间,80%的创业者每周工作在50小时以上,其中有一半以上的人每周工作超过70小时。对困难、风险的充分估计,创业失败的概率高达80%~90%。

新企业的生命力:50%左右不到1年;80%不到2年;只有5%~10%会超过5年。要有足够的耐心,不要指望一夜致富,在创业的半年至1年不赚钱是很普遍的现象。通常3年以上的企业才算初步站稳脚跟。

在自谋生路的过程中可能会遇到各种困难和挫折,可能出现意想不到的问题,要有充分的心理准备。要有吃苦的心理准备、要有不畏艰险的心理准备、要有遇到困难和挫折的心理准备、要有失败的心理准备。这样才能在遇到挫折困难时泰然处之、渡过难关,从而走出失败到达理想的彼岸。

5. 创业资金的准备

作为创业的前期准备——创业资金的筹集则成为制约大学生创业的瓶颈。获得资金来源有:

(1)家人以及亲朋好友借钱。

(2)通过学校的创业资金。

(3)通过企业或者投资人的投资。

(4)银行贷款。

(5)典当融资等。

6. 知识技能准备

熟悉创业申办与创业发展的基本流程,熟悉政府有关企业管理的业务职能与服务,以提高创办企业的办事效率。了解学习与企业相关的法律知识及政府出台的相关政策,借助政府扶持的政策,优选创业方向和项目,降低创业成本和投资风险。掌握信息来源渠道,促进企业信息化建设,为今后整合多方资源奠定基础。树立企业“信用品牌”意识,以企业信用建立并开拓市场。这是企业在今后进一步开拓市场、融资、获取项目的重要条件。学会使用一些金融工具，学一些财务知识，了解企业融资的渠道和融资的手续的办理程序、条件准备、融资策略与方法等，为今后企业融资奠定基础。了解企业文化相关知识。企业文化是企业战略实现的基础，企业文化主要是指企业的指导思想、经营理念和工作作风，包括价值观、行为准则、道德规范、文化传统、风俗习惯、典礼仪式、管理制度以及企业形象、企业品牌等。

三、创业政策法规

近年来，国家出台了一系列工商、税务等方面的优惠政策，以提倡和鼓励大学生自主创业。

2003 年 3 月，共青团中央、教育部、全国学联发布《关于进一步做好促进高校毕业生就业工作的意见》中指出："积极扶持大学生通过自主创业实现就业。要组织优秀青年企业家对有意向有条件的毕业生进行创业指导和辅导。要广泛吸纳社会资源，多层次多渠道设立专门的风险投资基金，为大学毕业生创办企业提供资金支持。"

2003 年 5 月，国务院办公厅《关于做好 2003 年普通高等学校毕业生就业工作的通知》中规定："鼓励高校毕业生自主创业和灵活就业；凡高校毕业生从事个体经营的，除国家限制的行业外，自工商部门批准其经营之日起 1 年内免交登记类和管理类的各项行政事业性收费。有条件的地区由地方政府确定，在现有渠道中为高校毕业生提供创业小额贷款和担保。"

财政部、国家税务总局 2010 年 10 月下发《关于支持和促进就业有关税收政策的通知》（财税[2010]84 号），对持《就业失业登记证》（注明"自主创业税收政策"或附着《高校毕业生自主创业证》）人员从事个体经营（除建筑业、娱乐业以及销售不动产、转让土地使用权、广告业、房屋中介、桑拿、按摩、网吧、氧吧外）的，在 3 年内按每户每年 8000 元为限额依次扣减其当年实际应缴纳的营业税、城市维护建设税、教育费附加和个人所得税。毕业年度内高校毕业生在校期间凭学校出具的相关证明，经学校所在地省级教育行政部门核实认定，取得《高校毕业生自主创业证》（仅在毕业年度适用），并向创业地公共就业服务机构申请取得《就业失业登记证》；高校毕业生离校后直接向创业地公共就业服务机构申领《就业失业登记证》。税收优惠政策的审批期限为 2011 年 1 月 1 日 ~2013 年 12 月 31 日，以纳税人到税务机关办理减免税手续之日起作为优惠政策起始时间。税收优惠政策在 2013 年 12 月 31 日未执行到期的，可继续享受至 3 年期满为止。

教育部决定，自 2011 年 1 月 1 日起，毕业年度内的高校毕业生在校期间创业，可向所在高校申领《高校毕业生自主创业证》。

2012 年出台的针对大学毕业生自主创业的优惠政策有：

（1）大学毕业生在毕业后两年内自主创业，到创业实体所在地的工商部门办理营业执照，注册资金（本）在 50 万元以下的，允许分期到位，首期到位资金不低于注册资本的 10%（出资额不低于 3 万元），1 年内实缴注册资本追加到 50% 以上，余款可在 3 年内分期到位。

（2）大学毕业生新办咨询业、信息业、技术服务业的企业或经营单位，经税务部门批准，免征企业所得税两年；新办从事交通运输、邮电通信的企业或经营单位，经税务部门批准，第一年免征企业所得税，第二年减半征收企业所得税；新办从事公用事业、商业、物资业、对外贸易业、旅游业、物流业、仓储业、居民服务业、饮食业、教育文化事业、卫生事业的企业或经营单位，经税务部门批准，免征企业所得税 1 年。

(3)各国有商业银行、股份制银行、城市商业银行和有条件的城市信用社要为自主创业的毕业生提供小额贷款,并简化程序,提供开户和结算便利,贷款额度在2万元左右。贷款期限最长为2年,到期确定需延长的,可申请延期1次。贷款利息按照中国人民银行公布的贷款利率确定,担保最高限额为担保基金的5倍,期限与贷款期限相同。

(4)政府人事行政部门所属的人才中介服务机构,免费为自主创业毕业生保管人事档案(包括代办社保、职称、档案工资等有关手续)2年;提供免费查询人才、劳动力供求信息,免费发布招聘广告等服务;适当减免参加人才集市或人才劳务交流活动收费;优惠为创办企业的员工提供1次培训、测评服务。

四、创业案例

案例1:有创意的杰里米公司

消费者大多喜新厌旧,新产品能否打开市场,关键在于有没有新意。而年轻人的特点就是充满朝气和标新立异,在产品创新中应该具有一定的优势。“杰里米”的创始人克劳斯提醒打算创业的年轻人:“要成为行业中的创新者,而不是一成不变的模仿者。”

21岁的萨缪尔·科恩、23岁的杰里米·克劳斯和22岁的托马斯·希尔顿,这3位宾夕法尼亚大学的学生有一个共同点,讨厌一成不变的生活,喜欢在创新中发现乐趣。他们用可乐、色拉等原料混合而成的怪味冰激凌,在宿舍楼里大受欢迎,于是,3人凑足6万美元合伙开了杰里米冰激凌公司。经过市场调查,他们发现,冰激凌的口味已经20年没有变化了,这为其创业提供了一个很好的空间。他们采纳了啤酒商的建议,使用啤酒酿造技术制作口味奇特的冰激凌,新产品上市后供不应求,当年销售额就达到100万美元。这家小公司的业绩很快吸引到了风险投资,如今年销售额已达到500万美元。

案例2:新东方和它的团队

新东方学校是中国最大、最有名望的出国考试培训,国内考试培训、口语、基础英语培训等大学英语培训基地,是由俞敏洪创办,在经历了3年的艰苦创业之后,到1995年,新东方小有名气,俞敏洪也不满足于单靠搞英语培训赚点出国费的教书匠,他选择了把事业做大这条道路,但深感自己力量有限。于是不遗余力四处挖掘人才,靠看“责任承包制”优惠合作条件(加盟者每人负责一块,业务自理,开班后交15%管理费,其余归自己),邀请徐小平、王强、包凡一、胡敏等加盟新东方。徐小平管留学、签证、移民等出国咨询业务,王强负责基础英语培训,包凡一则分到了图书出版地盘,新东方团队的组成使新东方开始了迅速发展的第二个黄金时期,公司业务发展十分迅速,到1999年,俞敏洪和他的团队将新东方推向另一个高峰,他们的学校已被年轻人尊称为“出国预备学校”。

案例3:让对手睡不安的务实者(任正非,深圳华为技术有限公司总裁)

通信制造业一向被看做是欧美等发达国家的传统领地,可现在这个行业里却流行着这样一种说法,国外企业要想进入中国市场,必须越过两道山,一是价格,二是华为。

2004年,华为业务在全球已进入40多个国家和地区,海外销售占到总收入的40%,ADSL市场份额全球第一。2004年中国信息企业百强中,华为以销售额名列第七,利润名列第一。从一个20多人的公司发展到现在2万多名员工,分支机构遍布全球。英国《经济学家》杂志评论:“华为这样的中国公司的崛起将是外国跨国公司的灾难。”作为华为公司总裁的任正非由于处世低调,被媒体称为神秘人物,其个人公开资料甚少。那么我们就来了解一下这个神秘的人物及由他创办的华为公司。

1. 背景

任正非,1944 年出生,是家中长子,兄妹 7 个,加上父母全家共 9 人,全靠父母微薄的工资维持生活,毫无其他来源。青少年时代,留给任正非印象最深的就是度过 3 年自然灾害的困难时期,每每想起仍历历在目。

那时候,家里面每餐实行严格的分饭制,控制所有人饭量的配给制,以保证人人都能活下来。任正非快高考时,有时在家复习功课,实在饿得受不了了,用米糠和菜拌和一下,烙着吃。家里粮食是用瓦缸装着,他也不敢去随便抓一把。母亲经常早上塞给他一个小小的玉米饼,让他安心复习功课。

父亲曾对他说:"记住知识就是力量,别人不学,你要学,不要随大流。以后有能力要帮助弟弟妹妹。"背负着这种重托,任正非将樊映川的高等数学习题集从头到尾做了两遍,学习了逻辑学、哲学,还自学了 3 门外语,当时已达到可以阅读大学课本的程度。20 多年艰苦的生活以及心灵的磨难成为他人生中的一种宝贵财富。

任正非转入地方后,由于不适应商品经济,也无驾驭它的能力,一开始在一个电子公司当经理时就栽过跟头,被人骗过。

2. 创业

1988 年,任正非和他的 6 个伙伴揣着 2 万元把刚刚诞生的华为安置在深圳南山区一个不知名的小角落里。当时华为只是一个小小的代理商,在代理业务露出下滑迹象时,任正非毅然决定将赚取的钱投入到该行业做自行研发,从此华为势不可挡。1992 年,华为开始生产自己的交换机,销售额首次突破 1 亿元;1993 年华为找到国内农村通信市场为突破口,进入高速发展期,逼退在中国称霸一时的阿尔卡特、朗讯和西门子;1996 年,年轻的华为确定了全球化战略。但是对于华为来说,除中国外,全球所有的国家和客户,所有的文化和环境,一切都是陌生的。抵达国外后,华为的营销人员下了飞机也仅仅知道中国使馆在哪里,而客户在哪里根本无从谈起。每到一个国家,华为的销售人员首先要花半年的时间解决生存问题,然后再慢慢地摸清客户的信息。

而今华为在多个领域遍地开花,成为令思科、爱立信等企业头疼的对手。

国外开始发现,以华为为中国企业出口的产品,打破了以往中国货只以廉价成本取胜的惯例,在技术层面上,这些中国产品也具有很强的实力,并开始瓜分原来专属西方大公司的市场,这引起了西方媒体和学术界的注意。

2003 年,最突出的一点便是华为在国际各大主流市场的全线突破。华为最早做国际市场是从第三世界国家起步的,而现在,华为已经进入到西欧、北美等发达国家的市场。华为的国际市场收入占总收入份额的 27%。华为提供的 1 份全球销售及服务网络显示,华为目前在全球已建立了 8 个地区部和 32 个分支机构,各类产品已进入了 40 多个国家和地区,其中包括德国、西班牙、法国、英国在内的欧洲主流市场。

华为的全球化视角还不仅在于市场,华为的目标是成为世界级的电信设备与服务提供商,人才国际化,形成跨文化的团队合作也是华为的一大目标。为了吸引世界范围的人才,早在 1998 年,华为就在印度的 IT 重镇班加罗尔设置了华为印度研究所,该所研究人员 700 人,在 2003 年正式通过 CMM 五级国际认证,成为极少数取得 CMM 五级认证的企业之一。目前华为在美国硅谷和达拉斯、瑞典、印度、俄罗斯均设有研究所。

3. 策略

一名跟随任正非多年的老员工介绍,任正非很喜欢读《毛泽东选集》,一有闲工夫,他就琢磨毛泽东的兵法怎样应用为华为的战略。而此前，任正非在部队期间就是“学毛标兵”。他经常和员工讲毛泽东、邓小平，谈论三大战役、抗美援朝，而且讲得群情激奋。他讲到，在战场上，军人的使命是捍卫国家主权和尊严；在市场上，企业家的使命则是捍卫企业的市场地位。而现代商战中，只有技术自立，才是根本，没有自己的科研支撑体系，企业地位就是一句空话。因此，任正非选择了走技术自立，发展高新技术的实业之路。当时的中国交换机市场，大型局用机和用户机基本上都来自国外的电信企业和他们在中国境内的合资企业，在通信圈中的人都非常清楚这个行业的风险性，所以很多人不理解华为公司为何放着轻而易得的钱不赚，却去劳神费财地搞科研。

仔细研究华为的发展，不难发现其市场攻略、客户政策、竞争策略以及内部管理与运作的科学性。20 世纪 90 年代，与中国人民大学的教授一起规划《华为基本法》时，任正非就提出要把华为做成一个国际化的公司，并开始跌跌撞撞地探路。事实证明了任正非战略家的眼光。

4. 华为理念

军人出身的任正非最喜欢克劳塞维茨《战争论》中的一句话：“要在茫茫的黑暗中发出生命的微光，带领着队伍走向胜利。”他把发展中的企业比喻成狼，要有敏锐的嗅觉，不屈不挠、奋不顾身的进攻精神，群体奋斗的意识。而任正非，就是狼群里的领头狼。带领着他的员工打造令人刮目相看的华为品牌。

在经营理念上，竭诚为客户服务是华为一贯坚守的理念。关注客户需求，是华为服务的起点，满足客户需求，是华为服务的目标。在营销方式上，任正非领导的华为也让不少人感到奇怪。它几乎从不做广告，对现代企业最重视的公关传播也没有表现出太多兴趣。但在通信行业里，任正非却被称做是一个让对手睡不安的战略游弋者。那他的下一个目标又是什么呢？任正非坦言：“处在民族通信工业生死存亡的关头，要竭尽全力，在公平竞争中自下而上发展，决不后退、低头。”

《中国企业家》杂志这样评价：任正非几乎是中国最有静气和最有定力的一个企业家，但是他按照企业发展、企业生存本身应有的逻辑，把企业做成一个世界级的企业，在和跨国公司产生不可避免的对抗性竞争的时候，他屡屡获胜。在国际商界看来，华为是一个特别可怕、非常难以对付的企业，但实际上也是为中国赢得骄傲的企业。

案例 4：张鑫：“农二代”高职生 4 年炼成总经理

2005 年 7 月 1 日，张鑫从黄河水利职业技术学院毕业离校时，身上只有做兼职挣来的 1500 元。张鑫凭借自己 4 年的打拼，创立武汉锐进铁路发展有限公司，成为总经理。

1. 从一头雾水的“菜鸟”成长为技术精湛的“大拿”

2005 年 8 月 16 日，张鑫进入一家冶金建筑公司，然而正式上班 13 大后，就果断辞职。张鑫当初选测量工程专业，就是想走遍祖国山水。而现在，他常年在一个工地上，日复一日地重复相同而简单的工作。张鑫要在年轻时追求梦想。

随后，张鑫到武汉找了一家私营公路勘测公司。但刚进公司，张鑫就发现大部分同事毕业于重点本科，当他们讨论野外测量等专业话题时，张鑫基本不知所云。“跟同事差距太大，张鑫开始慌了，私营企业老板根本不会容忍混饭吃的员工。”张鑫赶快向同事借来了 3 本公路勘测规范，并找到大学的课本反复对照学习，不懂就请教。

经过一周刻苦学习，张鑫看完 3 本规范，并记录一厚本笔记。随后，张鑫被派到新疆，主要负责复测连霍高速公路赛里木湖至果子沟段的控制测量网的三等水准测量。然而刚拿到进口电子水准仪,看到英语说明书,张鑫又傻了。

当时项目已正式开工,张鑫便硬着头皮顶上去。张鑫就对照仪器说明书苦练一整夜。第二天,张鑫白天去工地测5km水准,晚上核查错误;第二天测7km,第三天测10km。一个月后,张鑫的水准测量外业越来越娴熟,并掌握了水准测量的内业数据处理。"在毕业后的第一个项目,张鑫背着水准仪,走了200多公里。"

随后1年多,张鑫随公司参与新疆第一大桥阿拉尔塔里木河大桥、武邵高速、宁武高速等7项工程,工地都处在环境恶劣的贫困落后地区。

"张鑫在那家公司平均每个月只领1000多元工资。"张鑫说,他之所以坚守,就想学本领。"既然有人能吃苦坚持,我为什么不能?80后不是柿子,职业院校的学生不是草包。况且没有这段艰难经历,就不会有后面的精彩。"

2007年1月20日,张鑫辞职。"那时,张鑫已是公司的业务骨干,但老板给的工资远低于自己的能力。如果没学到东西而一直跳槽,估计永远不会有太大的出息,而且没有技术本领,别人为什么要给你高工资呢?"

2. 从"毛头小子"成长为最佳新员工

2007年4月20日,张鑫进入武汉一家代理国际知名测量仪器的销售公司。

进入公司后,张鑫很快掌握了公司产品设备的型号和性能,随后他只身前往湖南省临湘市工地推销产品。"下雨路滑,租的车子屡屡抛锚,他要经常下来,在泥泞里冒雨推车,吃饭也不准点。"

由于刚接触业务,张鑫见到工地上的测量队长、工程部长和总工程师,都不知道该怎么交流。"当时就是一个'毛头小子',说几句话后就不知怎么说了,当人家知道你是一名推销员,就爱理不理的。"

但张鑫没有退缩,3天内,张鑫拜访了当地8家大型项目的测量队长、工程部长以及总工程师,与他们达成初步合作意向。

由于出差期间过度劳累,在返回湖北武汉的长途汽车上,张鑫肾结石发作。"腰疼得像刀绞一样,汗如雨下,他疼得从座位滑到地板上,当时两眼已经不能睁开,甚至出现幻觉。一个好心人将他送进医院,医生说他肾积水严重,来得再晚了就有严重的后果。"

这件事对张鑫的人生观价值观产生很大改变。"他开始思索一个人在世界上应该追求什么,怎样做人,从而变得更成熟稳重了。"

2007年10月,经人介绍,张鑫承接了补测10个GPS点的项目,报酬为6000元。张鑫就借来仪器,找个朋友帮忙,利用周六、周日将活儿干了,两天净挣4000元。当时,张鑫月收入仅3000元。"他决定以后在推销公司产品时,来推销自己可以做测量工程,大展手脚好好干。"

2007年12月30日,张鑫被公司评为最佳新员工。

3. 从技术"突破者"到"创业者"

为推销公司生产的测量设备,张鑫与时任武广高铁中铁一局运架梁项目部总工孙军红交往甚密,由于彼此都拥有野外测绘作业经历,共同语言多,孙军红逐渐成为张鑫的良师益友,并成为张鑫创业成功的"贵人"。

2007年12月31日,孙军红告诉张鑫,武广高铁的无砟轨道将于第二年启动,但CPIII

(高速铁路基桩控制网)测量技术正制约着项目开工,该项技术国内基本没有有经验的单位,只有个别铁路设计院有点理论知识。

“最早的京津城际高铁是德国人做的,测量费为每千米10万元。虽然我当时都不知道CPIII是什么东西,但我感觉机会来了。”

张鑫开始大量阅读CPIII测量技术的设计书,并认真研究它的测量方法和后期处理等问题。随后,他建议公司开发出相应的测量程序,镶嵌在公司的仪器里,制造出高精度的测量机器人测量。

在公司的支持下,张鑫与开发软件的公司密切合作。经过数月的开发调校,CPIII测量软件达到应用要求。

在没有其他选择的情况下,中铁一局决定让张鑫先试试,运用CPIII测量1.4km的武广高铁综合实验段。2008年4月底,经过3天的连续奋战和反复3遍的测量,张鑫带领团队提交测量报告,并通过验收。

第一枪胜利打响后,中铁一局将武广高铁115km标段的CPIII测量及CPI(基础平面控制网GPS B级)、CPII(线路平面控制网GPS C级)、二等水准项目全部委托给张鑫所带的团队。

为便于开展工程,张鑫所在的公司增设工程部,张鑫出任工程部经理。此时,张鑫才进入该公司整1年。

口口相传,临近的4个工程局都相继找到他,把CPIII的测量任务交给张鑫所带的团队做。2009年6月,在1年多里,张鑫所带的团队累计完成700多万元产值,并积累了大量的客户关系。此时正值国家铁路大发展时期,全国高铁建设全面开花。

“张鑫想这也许是自己一个绝佳的创业机会,如果失去了,就再也不会有了。”经过深思熟虑,张鑫决定辞去年薪20多万元的工作。

2009年7月1日,在张鑫毕业整4年的时候,他创立了武汉鑫旗舰测绘技术有限公司(2011年更名为武汉锐进铁路发展有限公司),担任总经理,专业做高铁测量。经张鑫培养的技术骨干也一同加入新公司。公司成立至今3年多里,张鑫带领公司员工承接了京沪高铁、京石高铁、石武高铁等15条高铁和城际铁路的部分测量项目。

至此,张鑫成为这个领域的领头羊,受到业内的追崇。

参考文献

[1] 刘笑菊,周国峰.从马克思的分工理论看人的全面发展[J].经济与社会发展.2007,05:28-30.

[2] 徐国民.社会分工的历史衍进与理论反思[D].华东师范大学,2009.

[3] 周波.论社会分工与人的发展 [J].金田(励志).2011,07:73-74.

[4] 高跃.社会分工与人的发展[D].辽宁大学.2012.

[5] 高艳霞.马克思社会分工理论及其当代价值[D].新疆师范大学学报,2011.

[6] 王业涛,王清.我国产业结构的现状及调整对策[J].商场现代化,2006.01:197-198.

[7] 王宁.我国产业结构现状及变动趋势分析[D].大连海事大学学报,2011.

[8] 吴美平.当前我国产业结构的现状、特点及演进方向[J].商场现代化.2009,23:75-76.

[9] 聂立志.我国产业结构的现状及问题分析[J].黑龙江对外经贸.2010,07:67-68.

[10] 郭瑞东,周爱军.区域产业结构与就业结构的协调发展研究[J].商业时代.2011,07:132-133.

[11] 王建平.我国产业结构演变与就业增长问题研究[J].决策咨询.2012,01:5-10.

[12] 陈贺.我国产业结构调整对经济增长的影响分析[D].首都经济贸易大学.2010.

[13] 段文超.中国就业结构与产业结构的关系研究[D].河北大学.2009.

[14] 王岳平."十二五"时期我国产业结构调整战略与对策研究[J].经济研究参考.2010,43:28-61.

[15] 陈福宁.产业结构与就业结构的相互影响分析[J].林区教学.2012,12:35-36.

[16] 刘丹,张兵,徐孝昶.我国产业结构与就业结构的协调度及对策研究[J].西北人口.2012,05:19-28.

[17] 胡丹骞.产业结构转型背景下省域人才需求预测和发展策略探讨——以浙江为例[J].中国人力资源开发.2011,06:75-79.

[18] 单岗.简析社会分工与社会发展的相互关系[J].科教文汇(上旬刊).2011,01:195-196.

[19] 吴美平.当前我国产业结构的现状、特点及演进方向[J].商场现代化.2009(23).

[20] 吕忠民.职业资格概论[M].北京:中国人事出版社,2011.

[21] 牛力.职称[M].北京:中国人事出版社,2011.

[22] 蒋寇庄.专业技术职业资格与职称政策问答[M].北京:中国人事出版社,2010.

[23] 劳动和社会保障部培训就业司,劳动和社会保障部技能鉴定中心.国家职业技能鉴定教程[M].北京:现代教育出版社,2009.2.

[24] 白永红.中国职业教育[M].北京:人民出版社,2011.

[25] 宋振能.中国科学院学部历史概况[J].中国科学院院刊,1990(3).

[26] 韦莉莉.中国科学院学部性质职能演变探究[J].管理论坛,2006(1).

[27] 刘希.公务员职位分类制度下的职业发展模式浅析[J].经济研究导刊,2012(23).

[28] 李红卫.增强职业教育吸引力制度研究[M].北京:光明日报出版社,2012.

[29]《关于在全国建立农村最低生活保障制度的通知》(国发[2007]19 号)

[30] 2012 年《社会保障绿皮书》
[31]《社会保障"十二五"规划纲要》
[32]《人力资源和社会保障部办公厅关于进一步贯彻落实国务院开展厂办大集体改革工作指导意见的通知》(人社厅发[2013]35 号)
[33]《关于领取失业保险金人员参加职工医疗保险有关问题的通知》(人社部发[2011]77 号)
[34]《国务院办公厅关于转发人力资源和社会保障部财政部城镇企业职工基本养老保险关系转移接续暂行办法的通知》(国办发[2009]66 号)
[35]《2012 年失业保险工作要点》(人社失业司便函[2012]1 号)
[36]《关于军人退役养老保险关系转移接续有关问题的通知》(后财[2012]547 号)
[37] 温家宝总理在《在全国新型农村和城镇居民社会养老保险工作总结表彰大会上的讲话》(2012 年 10 月 12 日)
[38] 石中英,张夏青. 30 年教育改革的中国经验[J]. 北京师范大学学报(社会科学版)2008 年第 5 期(总第 209 期).
[39] 徐东. 建国后我国职业教育发展历程[J]. 石油教育. 双月刊 3/2007.
[40] 白永红. 中国职业教育[M]. 北京:人民出版社,2011.
[41]《国务院关于进一步加强农村教育工作的决定》(国发〔2003〕19 号)
[42] 国家西部地区"两基"攻坚计划(2004—2007 年)
[43] 学历知识问答　中国教育报/2005 年/9 月/7 日/第 010 版
[44] 袁振国. 当代教育学[M]. 北京:教育科学出版社,2011.
[45] 李俊. 我国高考政策变迁研究[J]. 高等教育研究. 2010. 07.
[46] 黄希庭.《心理学导论》[M]. 北京:人民教育出版社,2007-8:180.
[47] 宋玉军. 中国劳动就业制度改革与发展[M]. 合肥:合肥工业大学出版社,2012. 5.
[48] 那木罕. 中国高等教育改革回顾与展望[M]. 北京:中央民族大学出版社,2010. 7.
[49] 李周男,王英鉴. 大学生就业与创业指导教程[M]. 成都:电子科技大学出版社,2009. 8.
[50] 于静荣. 大学生职业生涯规划[M]. 北京:北京交通大学出版社,2012. 10.
[51] 靳慧,王海峰. 就业与创业指导[M]. 长春:吉林大学出版社,2011. 1.
[52] 黄林楠,缪子梅,宋利民. 大学生就业与创业指导[M]. 南京:河海大学出版社,2012. 6.
[53] 于静荣. 大学生职业生涯规划[M]. 北京:北京交通大学出版社,2012. 10.
[54] 贺敏娟,王鹏飞. 大学生职业生涯规划与就业指导[M]. 北京:北京理工大学出版社,2012. 1.
[55] 陆学艺,李培林. 2013 年中国社会形势分析与预测[M]. 北京:社科文献出版社,2012. 12.
[56] 李爽,谭永生. 2012 年就业形势分析及 2013 年展望. 宏观经济管理,2012 年第 12 期.